Franz Brenner



# Säen & Ernten

## Die Caricol-Story

DALASA
VERLAG

**„Ich bin der Beweis für das, was mir fehlt.“**
*Asiatisches Sprichwort*

Wir müssen nicht nach Erfolg, Macht und Reichtum streben. Wir alle wollen ein glückliches Leben führen. Aber wie sieht das Rezept dazu aus? Gibt es eines?

# Inhalt

# 01

# Einleitung

01

# Einleitung

Am Anfang war ein Ende. Oft braucht es im Leben erst einen (Schicksals-)Schlag und eine besondere Begegnung, damit sich etwas Grundlegendes ändert und aus den Trümmern unerwartet etwas Neues entstehen kann. Wir haben unser Leben eingerichtet, haben unsere Gewohnheiten, stehen in der Früh auf und gehen unseren Aufgaben nach. Wir erleben Höhen und Tiefen, mal ist es spannend, mal langweilig, mal richtig stressig und manchmal auch entspannt. Mal fühlen wir uns himmelhoch jauchzend oder zu Tode betrübt. Solange im Leben alles „im grünen Bereich" ist, zerbrechen wir uns den Kopf nur wenig über die Sinnhaftigkeit und die Folgen unseres Handelns für uns selbst und unser Umfeld. In derartigen Phasen sind wir auch nicht sonderlich empfänglich für die Erkenntnisse anderer Menschen oder für andere Weltanschauungen. Denn wir meinen ja, das meiste ohnehin schon zu wissen und ausreichend Erfahrungen gemacht zu haben. Wir sehen überhaupt keinen Grund, uns selbst und unser Leben zu hinterfragen. Es gibt unzählige Unternehmensbiografien, die eine chronologische Erfolgsgeschichte erzählen und verkaufen wollen. Aber ist das überhaupt richtig? Und macht Erfolg glücklich? Ich glaube heute nicht mehr, dass monetärer Erfolg allein glücklich macht. Ich glaube vielmehr, dass sich ein ganzheitlicher Erfolg, der weit über das persönliche Erfolgsempfinden hinausgeht, erst mit innerer Zufriedenheit und sinnvollem Handeln einstellt.

*Wahrer Wohlstand ist mehr als monetärer Reichtum! Die primären Zutaten sind harmonische Beziehungen und innerer sowie äußerer Frieden.*

*Um nicht den Eindruck zu erwecken, dass monetärer Wohlstand nicht auch wichtig für ein glückliches Leben ist, möchte ich an dieser Stelle ein gängiges Sprichwort zitieren: Geld macht nicht glücklich, aber es beruhigt. Monetäre Armut ist keine Tugend!*

Die Geschichte von Caricol ist die Geschichte einer Marke. Einer Marke, die für eine neue, nachhaltige Art der Unternehmenskultur steht und die für alle gedacht ist, die Interesse an einem Geschäftsmodell haben, das auf einer anderen Weltanschauung beruht, das auf Haltung und Werten basiert, das Verantwortung für unseren Planeten übernimmt. Caricol steht heute, nach 20 Jahren, für ein radikales Umdenken. Es steht für Menschlichkeit und Loyalität, für Umweltschutz statt Ausbeutung von Mensch sowie Natur und es steht für Beziehungen, nicht hingegen für rücksichtsloses Wachstum. Doch bevor Caricol zu dem wurde, was es heute ist, musste erst eine vermeintlich heile Welt zusammenbrechen. Meine alte Welt. Den Abgrund vor Augen, ohne zu wissen, ob und wie es weitergehen würde, war nichts mehr, wie es gestern noch gewesen war. Was gestern noch selbstverständlich gewesen war, machte am nächsten Morgen keinen Sinn mehr. Was gestern noch ging, war plötzlich unmöglich geworden. Was war passiert? Warum ging nichts mehr? Und wie konnte ich es dennoch schaffen, nur zwei Jahre nach einem Burnout ein völlig neues Unternehmen aufzubauen, das heute, nach 20 Jahren, sein Jubiläum feiert, eine nachweislich heilende Rezeptur aus der Papaya-Frucht in mittlerweile 15 Ländern vertreibt, Landwirte fair bezahlt, biologisch anbaut und den überwiegenden Teil seiner Gewinne einem Kloster zukommen lässt, in dem Menschen geleitet und geführt werden, ihr wahres Selbst zu finden? Begleiten Sie mich auf eine kleine Reise durch die Geschichte von Caricol. Denn manchmal muss vor einem Anfang erst ein Ende stehen.

# 02

# Am Anfang war das Ende

02

# Am Anfang war das Ende

Begebe ich mich in jene Zeit zurück, in der ich mich rückblickend als egoistisch und ausgrenzend meinem gesamten Umfeld gegenüber wahrnehme, war der letzte Schuss vor den Bug Rettung und Segen zugleich. Was hat mich und meinen damaligen Partner, der nicht so viel Glück hatte, rechtzeitig die Reißleine zu ziehen, seinerzeit angetrieben, mit 38 Jahren eine Firma nach der anderen zu gründen oder zu kaufen? Ganz einfach, wir fühlten uns pudelwohl in unserer selbstgefälligen Rolle. Wir waren Helden einer Wirtschaftswelt, in der es nur ein Weiter und Schneller gab. Wir waren überzeugt: Wir würden alles packen. Also packten wir auch alles an, was nach Geld und Erfolg roch. Die Branche im eigentlichen Sinn? War uns völlig egal. Gestartet hatten wir mit einer aufstrebenden Direktmarketingagentur. Alles, was dazu gepasst hatte, hatten wir gekauft. Unsere Kundenliste konnte sich sehen lassen. Sie bestand aus den Top-Unternehmen Österreichs: Banken, Versicherungen, IT-Firmen, Monopolisten, ÖBB, ORF und so weiter. Aus heutiger Sicht waren wir echte Macher, Yuppies, hipp, erfolgreich, schick, sportlich und was sonst noch so zu diesem Klischee dazugehörte. Zu jenem Klischee, das unsere westliche Welt zum Vorbild hat, ja als Traum vergöttert – solange, bis es scheitert.

Auf all meinen Stationen, die am Ende zum Abenteuer Caricol führten, gab und gibt es eine Konstante. Ich lebe mit meiner Familie an genau dem Ort, an dem ich aufgewachsen bin. Heute kann ich den Wert dieser Entscheidung besser einschätzen als früher. Die Entscheidung, hier zu leben, hängt nicht nur mit dem Ort an sich zusammen, sondern mit einer gesellschaftlichen Entwicklung. Hier, wo ich heute gemeinsam mit einem unglaublichen Team den Sitz der Firma habe, habe ich schon immer unglaubliche Freiheit erlebt. Schon als Kind hatte ich das Glück, von meinen Eltern so gut wie gar nicht beeinflusst zu werden. Ich konnte jederzeit mit meinen Freunden den ganzen Tag im Wald verbringen. Solange ich zum Mittagessen und am Abend, wenn es dunkel wurde, nach Hause kam, war alles in Ordnung. Ein großes Vertrauen meiner Eltern mir gegenüber. Sie haben sich sehr um mich gekümmert, dennoch konnte ich einfach tun, was ich wollte. Zum Spielen musste ich mir keine Termine mit anderen Eltern vereinbaren oder lange planen. Meine Freunde und ich trafen uns einfach. Meine Eltern rannten mir auch nicht hinterher und fragten, ob ich meine Hausaufgaben gemacht hatte. Das war im Nachhinein ein großes Geschenk, dass ich so frei von Zwängen aufwachsen durfte. Die Verbundenheit zu meinem Heimatort ist nie abgerissen, weshalb ich ihn auch nie verlassen habe. Früher war es ein Ort, an dem gerade mal 80 Häuser und Familien existierten und an dem wirklich jeder jeden kannte – eine echt überschaubare Community. Das hat sich natürlich verändert. Die Gemeinde ist gewachsen und ich kenne heute bei weitem nicht mehr jeden, der hier wohnt. Rückblickend glaube ich, dass mir die Kindheit hier sehr viel Selbstvertrauen gebracht und mir für meine zweifellos abenteuerlichen Projekte den nötigen Mut und eine nicht zu kleine Portion Risikobereitschaft mit auf den Weg gegeben hat.

Dennoch musste ich als erwachsener Mensch noch eine Lektion lernen. Inmitten meines damaligen Erfolgsrausches flatterte eine Einladung auf meinen Schreibtisch. Zu einer Zen-Klausur, einer intensiven Zeit der buddhistischen Zen-Praxis mit verschiedenen Formen der stillen und dynamischen Meditation.

Die Einladung weckte Erinnerungen an einen Jugendfreund, der sein ganzes Leben nur Yoga im Kopf gehabt und, die Schule vernachlässigt hatte, sich in Indien von einer Yogaschule zu anderen geschlagen hatte und aus dem, so das gängige Urteil, nichts geworden war. Und doch mochte ich ihn, ein Teil von mir bewunderte ihn sogar. Er hinterließ bei mir ein Interesse an den asiatischen Lehren, insbesondere am Buddhismus als Philosophie, als spirituelle Lebensphilosophie.

Doch bis zu jenem Zeitpunkt, zu dem die besagte Einladung auf meinem Tisch landete, hatte ich bekanntlich erstmal einen ganz anderen Weg eingeschlagen gehabt. Ich blickte nochmal auf die mystisch wirkende Einladung – und ich, der sich jeden Tag, jede Stunde nur mit seinen Firmen beschäftige, sich für nichts Zeit nahm, wollte dann doch an der Zen-Klausur teilnehmen.

Wenige Wochen später fand ich mich demnach in einer Burg im Burgenland mit einigen anderen Teilnehmern und einer beeindruckenden Kursleiterin wieder. Es war eine Schülerin meiner späteren Meisterin. Was mich dort erwartete, mutete zunächst abenteuerlich an. Von 5 Uhr in der Früh bis 10 Uhr am Abend wurden Körper und Geist abwechselnd durch dynamische und stille Meditation angespannt und entspannt. Im Zuge der Übungen wurde der Zugang zum wahren ICH trainiert, aber nicht gefunden.

Schon ein halbes Jahr nach meinem Zen-Abenteuer im Burgenland nahm ich an einem Wochenend-Retreat der buddhistischen Meisterin Ji Kwang Dae Poep Sa Nim im österreichischen Schneeberggebiet teil. Bei einem persönlichen Interview übersetzte mir einer ihrer Mönche ihre Worte: „Du hast ein sehr niedriges Energielevel und es wäre gut für dich, für drei Monate ins Kloster zu kommen."

Ich hatte keine Ahnung, wovon die Meisterin da sprach. Ich fühlte mich zu der Zeit kräftig, fast unbesiegbar. Was sollte ich in einem Kloster machen? Außerdem hatte ich nicht einmal drei Tage, und schon gar nicht drei Monate Zeit! Völlig absurd, dachte ich, und verwarf den leisesten Gedanken daran. Dennoch – schließlich war ich immer schon mit einer großen Neugierde ausgestattet gewesen – war die Lust, eine Reise nach innen anzutreten, entfacht. In Abständen von sechs Monaten nahm ich also an den Retreats, die die Meisterin zu der Zeit in Europa leitete, teil.

Jedes Mal ermahnte sie mich aufs Neue, ich würde mit meinem Energiehaushalt alles andere als gut umgehen. Sie forderte mich erneut auf, ins Kloster zu kommen und erhöhte die „Dosis", die notwendige Dauer meines Aufenthalts stetig, bis sie schlussendlich bei einem ganzen Jahr landete.

Doch zunächst musste ich erst einmal Schritt für Schritt den Stress, der sich durch meine innere Einstellung und äußeren Zwänge ergab, realisieren. Ich war Geschäftsführer, Prokurist, Vorstand und Aufsichtsrat. Aber ich war nirgends Alleinherrscher. Da wurden also Dinge entwickelt oder Geschäftspraktiken umgesetzt, denen ich aus ethischen Gründen einfach nicht mehr zustimmen konnte. Das ist eine ganz andere Form von Stress. Klar, wir alle haben mal das Gefühl, gestresst zu sein, weil wir einen zu großen Haufen an Aufgaben vor uns haben, von dem wir glauben, ihn nicht abarbeiten zu können. Aber der Stress, wenn wir etwas im Außen tun, das uns im Innersten zutiefst widerstrebt, ist ein anderer. Denn wir folgen äußeren Zwängen. Und diese Diskrepanz, dieser Konflikt kann an uns den Rand des seelischen Bankrotts führen. Dieser Zustand, den ich da durchlebte, raubte mir alle Energien, ich war fast apathisch und völlig antriebslos, als der Knall kam. Er kam im Oktober 1996, ich war gerade 40 Jahre alt geworden und mit der Arbeit in 15 verschiedenen Unternehmen überlastet. Von einem Tag auf den anderen bekam ich meinen Schuss vor den Bug.

*Jahre später und erholt mit Caricol, dem Produkt, das heute unglaublich vielen Menschen hilft, in den Händen.*

Nun wusste ich, wovon Ji Kwang Dae Poep Sa Nim die letzten zwei Jahre nach unserer ersten Begegnung gesprochen hatte. Rien ne va plus! Nichts ging mehr. Mein jüngerer Sohn war gerade mal sechs Monate alt und ich saß am 26. Dezember im Flieger nach Hawaii ins Lotus Buddhist Monastery. Ich hatte überhaupt kein Problem damit gehabt, all meine Funktionen zurückzulegen und innerhalb weniger Wochen all meine Beteiligungen abzustoßen. Womit ich allerdings haderte, war meine Familie, meine Frau mit beiden Kindern zurückzulassen. Es zerriss mir fast das Herz. Aber ich wusste auch, dass ich mich nur so selbst retten konnte. Auch wenn ich meine Familie jetzt alleine lassen würde, nur so würde ich ihr in Zukunft dienen können.

Wenn du Wasser finden willst, grabe nur ein Loch.
*Chinesisches Sprichwort*

# 03

# Die ersten Tage im Kloster

03

# Die ersten Tage im Kloster

Nachdem ich über Frankfurt, San Francisco und Honolulu geflogen war, landete ich nach 30 Stunden Reise in Hilo, der Hauptstadt von Big Island Hawaii, dem regenreichsten Ort der USA. Am Flughafen las mich ein Mönch auf und brachte mich ins Kloster. Nachdem es schon spät am Abend war und ich lange nichts mehr gegessen hatte, stoppten wir bei Subway für ein reichlich belegtes Sandwich. Jetzt wusste ich: Auch wenn ich in Hawaii war, ich war in Amerika. Ein Sandwich bei Subway zu essen, war ein äußeres Zeichen, wie sehr Hawaii nach der Übernahme durch die Amerikaner amerikanisiert worden war. Von der alten hawaiianischen Kultur war nicht mehr viel übrig, die Ureinwohner prägten nicht mehr das Leben, und bis auf ein wenig Folklore für Touristen fand man kaum noch Spuren der alten Stämme.

Nach einer halben Stunde Autofahrt erreichten wir das Lotus Buddhist Monastery – auf 700 Metern Höhe, mitten im Regenwald, umgeben von zwei Vulkanen, die auch heute noch aktiv sind und hin und wieder ausbrechen.

*So sah es im Dezember 1996 im Kloster noch nicht aus. Der Tempel und die Pagoden wurden erst später errichtet.*

Ich konnte kaum noch meine Augen offen halten, und so war es mir auch egal, dass ich im „Plastikhaus" einen Schlafplatz zugewiesen bekam. Ich packte meinen Schlafsack aus und wollte nur noch eines: schlafen. Das „Plastikhaus" diente in der Nacht als Schlafplatz, am Tag als provisorischer Dharma-Raum mit einem wunderschönen Altar mit goldenen Buddha-Statuen, in dem die Meisterin die Dharma-Reden hielt.

Die ersten Tage und Wochen im Kloster waren für mich zwiespältig. Jeden Tag zwei Lehrreden von Ji Kwang Dae Poep Sa Nim zu erhalten, eine am Vormittag, eine am Nachmittag, war und ist besonders aus heutiger Sicht purer Luxus, der nicht in Worte zu fassen ist. Die Menschen hatten eine völlig andere Art im Umgang miteinander, als ich es gewohnt gewesen war. Ich kam mir allerdings wie ein völliger Newcomer und Alien unter den fortgeschrittenen Praktizierenden vor. Ich hatte mit Spiritualität und Buddhismus zu diesem Zeitpunkt noch nicht viel am Hut, auch wenn ich mich daran erinnerte, dass ich einmal ein Buch namens „Die Autobiographie eines Yogi – Paramahansa Yogananda", das mir mein besagter Yoga-liebender Schulfreund in jungen Jahren zukommen hatte lassen, verschlungen hatte. Dieses Buch ließ nur zwei mögliche Interpretationen zu: Entweder alles darin war Lug und Trug gewesen, oder ich hatte keine Ahnung von der darin beschriebenen Welt beziehungsweise anderen Welten gehabt. Schon damals, das war gut 20 Jahre vor meiner ersten Begegnung mit meiner Meisterin gewesen, hatte ich mich für Zweiteres entschieden. Aber das hier war nun die Praxis, eine völlig neue Wirklichkeit. „Wo war ich hier nur gelandet?", dachte ich mir. „Und was machte ich eigentlich hier?"

Zu Hause hatte mein älterer Sohn mit Asthmaanfällen zu kämpfen, meine Frau wusste weder ein noch aus, und ich saß hier und konnte nicht helfen. Denn wenn ich nicht bei Lehrreden der Meisterin saß oder mit Übungen beschäftigt war, jätetet ich im Feld Unkraut oder half bei anderen Dingen, die im Kloster anstanden. Schon drei Wochen nach meiner Ankunft im Kloster dachte ich mir: „Es reicht, ich halte es nicht mehr aus." Also ließ ich der Meisterin durch einen Mönch ausrichten, dass ich wieder nach Hause fliegen würde. Postwendend kam die Antwort: „Das wäre keine gute Idee."

Hatte ich davor jede ihrer Warnungen ignoriert gehabt, diese wirkte. Noch am gleichen Tag saß ich also wieder im Feld und jätete Unkraut – diesmal neben einer Zahnärztin aus Freiburg. Sie hatte eine noch viel schlimmere Odyssee als ich hinter sich gehabt. Sie war Zahnarzthelferin und die Meisterin hatte ihr gesagt, sie solle ihre Zahnärztin werden. Sie hatte bereits damals körperliche Lähmungserscheinungen und Zusammenbrüche gehabt und konnte sich ein Medizinstudium gar nicht vorstellen. Die Meisterin jedoch hatte sie im wahrsten Sinne des Wortes auf Händen durchs Studium und insbesondere durch die Prüfungen getragen. Die Zahnärztin wusste nicht, wie all das zugegangen war, wie sie das Studium eigentlich geschafft hatte. Als wir im Feld saßen und sie mir ihre Lebensgeschichte erzählte und davon berichtete, wie sehr die Meisterin sie unterstützt hatte, wurde mir klar, dass ich der Meisterin einfach nur vertrauen musste. Punkt. Meine Zweifel waren wie weggewaschen. Die Meisterin hatte klar gesehen, wo ich stand und was ich an diesem Tag brauchte, um ihr zu vertrauen. Das Gespräch mit der Zahnärztin war ein einschneidendes Erlebnis, das ich mein Leben lang nicht vergessen werde. Derart „zufällige Begegnungen“ gab es im Laufe meiner buddhistischen Praxis aber noch einige weitere.

Also blieb ich und jätete weiterhin Unkraut, rodete Urwald, hob Teiche aus, richtete einen Kinderspielplatz ein, baute und reparierte Dächer, strich Möbel und Häuser und half bei allem, was sonst noch so im Tempel zu tun war. Es waren durchwegs Tätigkeiten, die, wie ich heute zusammenfassend beurteilen kann, den Geist beruhigten und den Körper entspannten und erdeten. Fast ein ganzes Jahr widmete ich mich intensiv der buddhistischen Praxis und der Lehre der Meisterin. Nach drei Monaten durfte meine Frau mit unseren beiden Kindern ins Kloster nachkommen. Ich wollte sie von Anfang an mitnehmen, aber die Meisterin hatte etwas dagegen gehabt.

Meine Frau, der ich noch heute zutiefst dankbar bin, dass sie all das durchgestanden und zu mir gestanden hat, kam also mit den Kindern ins Kloster – und wollte vom Buddhismus nichts wissen. Was ich machte, empfand sie eher als bedrohlich. Sie war nur gekommen, weil ich da war. Da es nach ihrer Ankunft drei Monate durchregnete und mein jüngerer Sohn von der langen Flugreise gleich einmal ordentlich krank geworden war, war sie verzweifelt. Wie auch ich anfangs zweifelte nun auch sie, ob sie richtig entschieden hatte, mit einem Einjährigen und einem Sechsjährigen ins Kloster zu kommen und den gewohnten Komfort gegen spartanische Lebensumstände zu tauschen. Doch dann fiel ihr das Buch von Ji Kwang Dae Poep Sa Nim „One Dust Particle Swallows Heaven and Earth“ in die Hände und sie konnte nicht mehr aufhören darin zu lesen. Mehr und mehr konsultierte sie die Mönche und schlussendlich, war es auch für sie klar, dass sie diesen Weg beschreiten wollte. Und so begann sie, in den Tempel zu gehen und zu praktizieren.

Heute leben im Kloster Mönche, Nonnen und Laien, hauptsächlich Menschen aus Europa. Denn die Meisterin hatte vor der Gründung des Klosters lange Zeit in Europa gelehrt. Den Lebensweg als Mönch oder Nonne einzuschlagen, ist eine unglaublich bedeutende Entscheidung, der ich meine volle Hochachtung und meinen größten Respekt zolle. Es bedeutet, ganz bewusst ein Leben im Dienste der anderen zu leben, die eigenen Befindlichkeiten und Bedürfnisse abzulegen und dem Dharma zu dienen. Nur wenn das die tiefen Beweggründe für diese Entscheidung sind, lässt sich dieser Weg auch gehen und durchhalten. Alle anderen Motive, wie zum Beispiel unglückliche oder gescheiterte Beziehungen, gescheitere soziale Existenzen oder andere Probleme im Leben, lassen viele, die sich vornehmen, den Weg als Mönch oder Nonne zu gehen, scheitern. Spannenderweise und vielleicht entgegen einer landläufigen Vermutung suchten den Weg ins Kloster nicht nur klassische Aussteiger, Menschen, die ihren Platz in unserer Gesellschaft nicht finden konnten und die nach etwas suchten, von dem sie nicht wussten, wie es aussehen sollte. Daher erkannten sie es auch nicht, selbst wenn sie es gefunden hatten.

Besonders viele Schüler von Ji Kwang Dae Poep Sa Nim waren und sind Menschen, die im Gesundheitssektor tätig sind: Ärzte, Wissenschaftler, Biologen, Heilpraktiker oder Krankenpfleger. Ich vermute, dass Menschen aus diesen Berufen mit Geburt, Alter, Krankheit und Tod öfter konfrontiert sind und sich intensiver die Frage nach dem Sinn des Lebens stellen als andere – und daher auch häufiger einen spirituellen Weg einschlagen. Auch Musiker, Schriftsteller, Maler und andere Künstler sind hier häufiger anzutreffen.

Der koreanische Buddhismus war und ist grundsätzlich von den Lehren des Mahayana-Buddhismus geprägt. Im Mahayana-Buddhismus werden Bodhisattvas als nach höchster Erkenntnis strebende Wesen bezeichnet, wobei nicht das Nirvana alleine das höchste Ziel ist. Es ist vielmehr Ziel, zuvor allen anderen Wesenheiten zu helfen, sich ebenfalls aus dem endlosen Kreislauf der Reinkarnationen (Samsara) zu befreien. Es ist ein Dienen an der Gemeinschaft. Es geht weniger um das eigene Ziel im Leben, sondern um das globale Ziel des Friedens.

*Unser Zweck als menschliche Wesen ist es, für andere zu leben und da zu sein. Diesen Zweck erfüllen wir bereits, wenn wir die uns überantworteten Aufgaben von ganzem Herzen erfüllen, ohne faul zu sein. Sei es in der Familie oder am Arbeitsplatz.*

*Ji Kwang Dae Poep Sa Nim*

Ji Kwang Dae Poep Sa Nim wurde 1946 in Korea geboren und bekam im Alter von nur 18 Jahren als erste Frau in der Geschichte des koreanischen Buddhismus die formelle Anerkennung der Erleuchtung. Sie reiste und lehrte über 35 Jahre in vielen europäischen Ländern. 1993 gründete sie inmitten des Pazifischen Ozeans das Lotus Buddhist Monastery. Von dort aus lehrt sie heute auf viele Arten. Direkt durch die Retreats, seit 1992 durch das tägliche Schreiben und Versenden des Daily Sutra (einprägsamer Lehrsätze) an die Studenten und Abonnenten, ohne auch nur einen einzigen Tag auszulassen. Durch das Erschaffen von Energy Spiritual Writing Paintings, welche den Besitzern enormen Nutzen bringen sollen, durch das Kochen von sehr gesunden und exquisiten Gerichten, durch das Erschaffen von Schönheit und durch das Vermitteln von wahrem Mitgefühl in jedem Augenblick.
Ji Kwang Dae Poep Sa Nim lehrt reinen Buddhismus, der in direkter Linie zu Shakyamuni Buddha (Siddhartha Gautama) steht und der die ganze Welt als eine Familie betrachtet.

Die Begegnung mit ihr veränderte mein Leben von Grund auf und ließ mich bei null beginnen - wenn auch nicht sofort.

Die Lehre Buddhas von einer erleuchteten Meisterin übermittelt zu bekommen, ist der größte Segen, den man im Leben erfahren kann. Man ist nicht angewiesen auf Bücher und Schriften, der direkte Zugang Ji Kwang Dae Poep Sa Nims zur Wahrheit ist der größte Schatz.

*Ki-Song-Übungen gehören zur täglichen Praxis im Kloster.*

Die tägliche buddhistische Praxis in dieser Intensität über Monate hinweg war ein Luxus, den ich in diesem Ausmaß nie wieder erleben durfte. Der Tagesablauf im Tempel war strikt vorgegeben und wurde präzise eingehalten. Um 6 Uhr morgens startete die Morgenpraxis. Was das war? Auf den ersten Blick eine Herausforderung! 108 Niederwerfungen, anschließend Ki-Song-Übungen, spezielle, von der Meisterin entwickelte körperliche Übungen, danach stille Sitzmeditation und im Anschluss Mantra-Singen und Choräle zum Teil auf Koreanisch. Dann um 9 Uhr die Reiszeremonie im Haupttempel. Im Dharma-Raum, wo die Altäre und großen Buddhastatuen standen, wurde jeden Tag um 9 Uhr gekochter Reis auf den Altären geopfert.

Über den Tag verteilt war man mit der aufgetragenen Praxis beschäftigt, in Form von Niederwerfungen, Mantra-Schreiben, Mantra-Rezitieren und Meditation. Darüber hinaus folgten die tägliche Arbeit auf dem Feld, in der Küche und andere Aufgaben, die genauso zur buddhistischen Praxis gehörten. Sich nützlich zu machen, war und ist die Schule fürs Leben. Genauso wie etwas Sinnvolles mit seiner Zeit zu tun, das für andere Lebewesen einen Nutzen bringt und keinen Schaden anrichtet. Diese Lebensphilosophie über Monate hinweg vorgelebt zu bekommen und sukzessive zum eigenen Selbstverständnis zu machen, war und ist eine außergewöhnliche Schulung und Konditionierung meiner Geisteshaltung im täglichen Leben. Wir leben heute in einer sehr egozentrierten Gesellschaft. Unsere Freizeit, die mittlerweile die Arbeitszeit bei weitem übersteigt, verbringen wir oft damit, uns selber Gutes zu tun, Sport ist dabei ein sehr bevorzugtes Mittel.

*„Weil wir es uns wert sind" hat gewissermaßen zu einer völligen Verdrehung von Wertigkeiten geführt. Wir unterliegen dem Irrtum, dass wir uns selber glücklich machen können. In gewisser Weise ist das sogar möglich, aber nicht, wie wir meinen, indem wir versuchen uns Gutes zu tun. Ist es nicht so, dass wir uns dann wirklich glücklich fühlen, wenn wir andere glücklich machen?*

Wir schätzen auch die Arbeit unserer Mitmenschen wenig. Wenn wir ein Glas Wein trinken, machen wir uns bewusst, wie viele Menschen und Hände Arbeit es gebraucht hat, bis der Inhalt des Glases hergestellt wurde? Alles, was wir benutzen und konsumieren, erfordert die Arbeit vieler, vieler Menschen. Doch sind wir noch in der Lage, diesen Wert zu schätzen?

Nach diesem kurzen Ausflug ins Hier und Jetzt, nun zurück zum Mittagessen im Kloster. Denn da kam ich das erste Mal mit der Frucht, die alles verändern sollte, in Kontakt. Am Speiseplan standen das aus der eigenen Bio-Landwirtschaft geerntete Gemüse und Fisch. Den Abschluss bildete ein Papayamus, das die Nonnen jedem einzeln löffelweise ausgaben. Dieses ganz speziell zubereitete Papayamus hat es mir sofort angetan. Ohne großartige Erklärung wurde es als eine Art gesunde Nachspeise serviert. Dieses Papayamus gab es für die Bewohner und Besucher des Klosters. Es stellte sich schnell heraus, dass es etwas ganz Besonderes war.

Unter den Besuchern des Klosters waren auch Ärzte, Krankenschwestern, Therapeuten aus Europa und insbesondere Österreich. Sie alle sahen in diesem Papayamus ein natürliches Heilmittel für ihre Patienten. Eine Ärztin aus Wien, Dr. Heide Seppele, die das Papayamus ebenfalls schätzen gelernt hatte, wollte die Wirkung auf den Verdauungstrakt, die alle spürten, auch wissenschaftlich belegen. Daher führte sie im Kloster eine Anwendungsbeobachtung durch. Das Ergebnis unter den etwa 20 „Probanden“ war eindeutig, egal, welche Irritationen der Verdauung vorlagen. Alle „Studienteilnehmer“ hatten eine 24-Stunden-Flugreise aus Europa hinter sich gehabt, viele hatten Blähungen, Verstopfungen oder auch Durchfall, eben die ganze Palette an Verdauungsstörungen, die es so gibt. Bei jedem einzelnen normalisierte sich die Verdauung durch die Einnahme des Papayamus nach wenigen Tagen gänzlich.

Da bahnte sich schon an, dass ich meine erlernten Fähigkeiten erneut anwenden durfte – sowohl im wirtschaftlichen Sinne als auch im Hinblick auf meine Gabe, mich immer und immer wieder auf völlig neue Berufe einzulassen, diesmal allerdings mit einem völlig neuen Sinn dahinter. Denn ich ahnte, die wohltuende Papaya-Frucht und ihre spezielle Zubereitung würden vielen Menschen helfen können. Denn Verdauungsschwierigkeiten und ihre langfristigen Folgen zählen zu den häufigsten Problemen, die die westliche Ernährung und Lebensführung mit sich bringen.

Meine Absicht, dieses phänomenale Produkt auch Menschen außerhalb der Klostermauern zugutekommen zu lassen, hieß auch die Meisterin gut. Auf die Entwicklung der Marktreife von Caricol musste die Menschheit allerdings noch etwas warten. Denn ich hatte noch einiges zu lernen. Dinge, von denen ich nicht ahnen konnte, wie sehr sie mir gegen alle Widerstände, die es mit sich brachte, auf Basis einer völlig neuen Vorstellung von Ethik ein Produkt auf den Markt zu bringen, helfen würden. Ich sollte ein Produkt auf den Markt bringen, das vielen Menschen helfen würde – ohne Chemie und Ausbeutung von Arbeitskräften und Natur. Ein Produkt, das maßgeblich auf der Idee einer ganz außergewöhnlichen und besonderen Frau basierte: Ji Kwang Dae Poep Sa Nim.

Ich durfte die Einweihung des Haupttempels miterleben, ein unglaubliches Erlebnis. Die Mönche im Kloster eigneten sich alle Fertigkeiten und Kenntnisse selbst an, als Handwerker sind sie heute wahre Multitalente. Sie arbeiten täglich an ihrer eigenen spirituellen Entwicklung und an der Erhaltung des Klosters. Auch wenn ich heute nur mehr zweimal im Jahr vor Ort bin, so hat es mich radikal verändert, all das mitzuerleben. Der Fleiß der Mönche und Nonnen, wie sie sieben Tage die Woche, 365 Tage im Jahr unermüdlich ihren Aufgaben nachgehen, wurde zum Vorbild meiner Auffassung von Arbeit. Bei allem, was ich heute tue, orientiere ich mich an den Lehren der Meisterin und an ihrem Vorbild, in jedem Moment das Richtige zu tun. Während meines Aufenthalts im

Tempel kehrten nicht nur meine Lebensgeister zurück, sondern überraschenderweise auch meine unternehmerischen Ambitionen. Denn im Kloster jätete ich nicht nur Unkraut, sondern entwickelte auch großes Interesse an hawaiianischen Arzneipflanzen und gesunder Ernährung. Schließlich spielte und spielt Ernährung im Kloster eine wichtige Rolle.

*Am Eingang zur Küche…*

Sie fragen sich an dieser Stelle vielleicht, warum eine buddhistische Meisterin ein Rezept, ein Gesundheitsprodukt für die Verdauung entwickelt? Schauen wir zurück in die Geschichte. Unabhängig von Religion oder Weltanschauung gab es in nahezu allen Kulturen das, was man als Heilpriester zusammenfassen kann. Das heißt, Seelenwohl und körperliches Wohl lagen in einer Hand. Im Verlauf der Geschichte und mit dem Aufkommen der Philosophen, der Aufklärung und der Moderne wurden Seelenwohl und körperliches Wohl voneinander getrennt. Der Priester war fortan für das Seelenheil zuständig, die Gelehrten für den Körper. Problematisch, wie wir heute wieder wissen, denn Körper und Seele

sind eine Einheit. Was noch dazu kam, war, dass die Ärzte Arzneien früher zumindest noch selbst herstellten, auf den jeweiligen Patienten abstimmten und individuell richtig dosierten. Doch diese Zuständigkeit verlor die Ärzteschaft. Heute dürfen Ärzte Erzeugnisse der pharmazeutischen Industrie nur noch verschreiben.
Wir alle kennen folgenden Spruch:

*„Nur in einem gesunden Körper wohnt ein gesunder Geist."*
*Oder andersrum: „Nur ein gesunder Geist bringt einen gesunden Körper hervor."*

Beide Sichtweisen gehören zu uns als Wesen, was allein die heute nachgewiesenen Folgen psychischer Belastungen für den Körper belegen. Aus dieser Perspektive heraus kann man verstehen, was die Meisterin dazu bewegt hat, den Menschen mit gesunder und heilender Ernährung zu dienen. Für sie ist die Teilung zwischen Körper und Seele schlicht nicht existent.

Wir Menschen und alle Lebewesen sind aus den Elementen der Natur gebaut und erhalten unser Leben aus den Produkten der Natur. Daher ist es zuallererst essenziell, die Natur als Quelle des Lebens wertzuschätzen. Genauso wichtig ist es, jene Menschen wertzuschätzen, die für uns arbeiten, sodass wir unsere Lebensmittel bequem im Supermarkt beziehen können. Der achtsame Umgang mit unseren Lebensmitteln bildet die Basis für Gesundheit und Gesunderhaltung. Nicht zuletzt deshalb ist ein wichtiger Aspekt der buddhistischen Weisheit auch der bewusste Umgang mit der Ernährung. Der Begriff „gesunde Ernährung" ist dabei weitaus tiefgreifender und bedeutet mehr, als einfach nur mehr Gemüse zu essen und auf Ungesundes zu verzichten.

*Ganz gleich, wie ausgelastet unser Terminplan ist, wir sollten keine Mahlzeit auslassen, nur weil wir beschäftigt sind. Wir sollten mindestens dreimal am Tag eine Mahlzeit zu uns nehmen.*

*Wir denken immer, dass Krankheiten die Angelegenheit anderer sind, bis wir selbst krank werden. Wir können unsere Arbeit nicht verrichten, wenn unser Körper nicht gesund ist.*

*Wenn wir nicht gesund sind, können wir anderen nicht helfen oder für andere nützlich sein. Ganz im Gegenteil, wir stören und belasten andere sogar, wenn wir krank sind.*

*Achtet deshalb auf eure Gesundheit!*
*In Zeiten des Schlankheitswahns wird es euch überraschen, wenn ich euch sage, dass Hungern sehr oft die Ursache für Negativität und Traurigkeit ist.*

*Ji Kwang Dae Poep Sa Nim*

# 04

# Das Kava-Kava-Experiment

04

# Das Kava-Kava-Experiment

Bevor ich mit der Papaya-Pflanze loslegen konnte, stand zunächst jedoch eine ganz andere Pflanze auf dem Plan: Kava-Kava, eine psychoaktive Droge, die besonders unter den Polynesiern eine lange Tradition hat. Kava-Kava hatte durch ihre bemerkenswerte Wirkung auf die weiche Muskulatur, die sie entspannt, ohne jedoch den Geist einzulullen, auch in die europäische Phytopharmakologie breiten Einzug gehalten. Alleine in Deutschland wurde diese Droge in zig pflanzlichen Arzneimitteln vieler namhafter Pharmafirmen verwendet.

Kurze Zeit nachdem ich zurück nach Österreich gekommen war, hielt ich den Kontakt zu einem Mann aufrecht, der ebenfalls Schüler von Ji Kwang Dae Poep Sa Nim war. Er hatte seine Zelte in Deutschland abgebrochen und war ganz ins Kloster übersiedelt. Er hatte sich entschieden, in Hawaii zu leben und eine eigene Landwirtschaft zu betreiben, um damit seinen Lebensunterhalt zu verdienen. Zunächst ausgerechnet mit Papayas, später jedoch faszinierte ihn Kava-Kava so, dass er begann, diese Pflanze anzubauen. Er nahm mich öfter auf seine Farm mit, und sein Enthusiasmus in Bezug auf das Potenzial der Pflanze sprang auf mich über. Meine Neugier an pflanzlichen Arzneimitteln war geweckt. Schnell war ich auf Big Island mit den einheimischen Farmern, Produktentwicklern und Wissenschaftlern bekannt geworden, die sich mit Kava-Kava beschäftigten. In einem ersten Schritt begann ich spezielle Kava-Präparate eines hawaiianischen Herstellers in Österreich einzuführen. Ich knüpfte in Österreich schnell Kontakte zu Firmen, die sich auf pflanzliche Arzneimittel spezialisiert hatten. Einer dieser Kontakte sollte mir später auch bei den ersten Schritten mit Caricol eine Hilfe werden. Jedenfalls konnte ich der Bitte meines Kava-Farmers nicht widerstehen und begann Wege zu suchen, um seine Kava-Wurzeln in Europa zu vertreiben. Nach kurzer Recherche war klar: Der Markt war überschaubar – und somit auch die potenziellen Abnehmer für Arzneipflanzen. Was ich nicht wusste, war, dass der Markt, obgleich noch überschaubar, gerade boomte. Somit hatte ich nach kurzer Zeit einen Vorvertrag mit einem der größten pflanzlichen Extrakt-Hersteller Europas in der Tasche. Ich dachte, das würde meinen Kava-Farmer auf Hawaii bestimmt freuen, aber das Gegenteil war der Fall. Vielmehr begann eine Odyssee, die mit einem Knall enden sollte. Zunächst aber fiel mein Partner aus allen Wolken und eröffnete mir, dass die benötigte Menge an Kava-Kava mit seinen Anbauflächen nicht zu produzieren war. Nachdem Kapazitätserweiterungen aus betriebswirtschaftlicher Sicht vorwiegend eine Frage der Betriebsmittel und somit der finanziellen Mittel waren, war schnell klar, was zu tun war. Ich stieg in das hawaiianische Anbauprojekt ein und half, die notwendigen Ressourcen zu finanzieren. Nach einem Jahr stand ich jedoch mit dem Anbauprojekt in Hawaii alleine da, mein Partner hatte sich aus dem Projekt verabschiedet, und mich alleine weiter werken lassen. Somit lastete auf meinen Schultern ein Unternehmen, das innerhalb von vier Jahren 100 Tonnen getrocknete Kava-Wurzeln an ein deutsches Unternehmen zu liefern hatte. Wie schon so oft zuvor war ich mit einem Business konfrontiert, von dem ich in Wirklichkeit keine Ahnung hatte. Mittlerweile weiß ich, dass es mein persönliches „Karma“ ist, vor nahezu unlösbaren Aufgaben zu stehen.

*Aussicht auf ein frisch bepflanztes Kava-Feld in Hawaii.*

Mein österreichischer Partner und ich fuhren in Hawaii von „Backyard“ zu „Backyard“ – also von Hausgarten zu Hausgarten. Wie man bei uns im Garten vielleicht einen Apfelbaum hat, so haben viele Hawaiianer einen Kava-Strauch im Garten, einfach für ihren Eigenbedarf. Von diesen Sträuchern erbettelten wir uns einzelne Äste, aus denen wir Setzlinge machten. Diese züchteten wir im „Greenhouse“ zu aussetzbaren Jungpflanzen heran. Wie so alles, was ich im Leben gemacht habe, fiel auch das in die Kategorie „Learning by Doing“.

*Für eine größere Ernte wurden tausende Setzlinge aufgezüchtet.*

Während wir für die Anpflanzung Anbauflächen pachten konnten, kauften wir die Arbeitsleistungen von anderen Farmern zu. Diese waren natürlich erst für uns verfügbar, nachdem sie ihre eigenen Farmen versorgt hatten. Nicht selten stand ich am Kava-Feld und jätete Unkraut, damit war ich aufgrund meiner Tempelzeiten ja vertraut. Aber auch aus meiner Kindheit kamen Erinnerungen hoch. Meine Eltern waren Nebenerwerbsbauern gewesen, und am Feld zu arbeiten, war mir nicht unbekannt. Ganz im Gegenteil, ich fühlte mich bei dieser Arbeit sehr, sehr wohl.

Welche Dünger die Kava-Pflanzen zum Gedeihen brauchten, was man in Fällen von „Infektionen" und Schädlingsbefall machte, und vor allem, wie man mit dem unglaublich rasant wachsenden Unkraut fertig wurde – all das waren Fragen, denen ich mich stellen musste. Natürlich erscheint das alles abenteuerlich, wenn man bedenkt, mit welchen

Mitteln und Ressourcen wir uns an ein zu erfüllendes Vertragsvolumen von mehreren Millionen Dollar herangewagt hatten. All die Kalkulationen, die ich mit meinem Partner am Beginn des Projektes angestellt hatte, erwiesen sich als unhaltbar, die Kosten waren teilweise doppelt so hoch. Und die Anzahlung des Kunden, die die Finanzierungsgrundlage des Projektes war, reichte bei weitem nicht aus, um zwei bis drei Jahre bis zur ersten Ernte zu überstehen. Und auch meine Reserven waren bald erschöpft. Schließlich halfen mir meine ehemaligen Geschäftspartner, indem sie mir die fehlenden Mittel borgten. Und dann, nach rund drei Jahren mühsamer Pflege der Kava-Kulturen, wagten wir uns an die erste Ernte.

*Kava-Wurzeln reichen tief in die Erde. Die schonende Ernte erfordert spezielle Methoden.*

Die Seitenwurzeln der Kava reichen über einen Meter tief in die Erde; jedes Gramm ist wertvoll, und daher ist es wichtig, alles herauszubekommen. Die gängige Praxis ist, jede Wurzel händisch auszugraben. Allerdings stand ich vor der Herausforderung, tausende Kava-Wurzeln zu ernten! Noch nie zuvor war Kava auf Big Island Hawaii in jenem Ausmaß kultiviert worden, wie wir es nun taten. Ich war mit einem landwirtschaftlichen Betrieb befreundet, der einen Kartoffel-Harvester entwickelt und gebaut hatte. Gemeinsam bauten wir diesen Kartoffel-Harvester für die Ernte der Kava-Wurzeln um.

Von unserem Kunden hatten wir klare Auflagen, wie rein und frei von Erde die gelieferten Wurzeln zu sein hatten. Wer jemals selbst eine Kava-Wurzel ausgegraben hat, weiß, dass das eine absolute Herausforderung ist. Einfach mit Wasser ist das nicht zu bewerkstelligen. Von befreundeten chinesischen Farmern, die sich auf den Anbau von Ingwer-Wurzeln spezialisiert hatten, schauten wir uns folgende Vorgehensweise ab: Über eine Hochdruckreinigungsanlage wurden die Wurzeln mit einem Förderband durch eine Waschstraße transportiert. Das auch noch! Nicht nur das Farming musste ich lernen, auch das Ernten, das Waschen, Schneiden und Trocknen der Kava-Wurzeln. Nachdem wir eine Lösung für das Waschen gefunden hatten, standen wir vor der nächsten Hürde: Wie sollten tausende Kilogramm Kava-Wurzeln in kleine Stücke, sogenannte Chips, geschnitten werden? Und wie sollte man diese trocken bekommen? Anfänglich schnitten wir die Wurzeln händisch mit Macheten in kleine Stücke. Die Folge: nichts außer Blasen auf den Händen. Später trieben wir auf dem Festland in den USA eine Maschine auf, die diesen Job übernehmen konnte. Für den Trockenvorgang probierten wir alle möglichen Heizgeräte aus, die aber allesamt nicht funktionierten.

Im Zuge meiner verzweifelten Bemühungen, das Schiff nicht kentern zu lassen, lernte ich alle möglichen (und unmöglichen) Leute auf der Insel kennen. Mit einem von ihnen, einem ehemaligen Mitarbeiter von Werner von Braun, der mit ihm in der Raketenforschung gearbeitet hatte, pilgerte ich zu stillgelegten Werken, um mögliches Equipment für eine Trocknungsanlage zu erstehen. Das Resultat: viele leere Kilometer.

*Trocknungsplatz für Kava-Wurzeln auf der Sonnenseite von Big Islands*

Dann glückte mir auf der anderen, trockenen Seite der Insel die Kooperation mit einer Firma, die Macadamianüsse verarbeitete. Die Firma verfügte über große ungenutzte Außenflächen, auf denen wir einfach die geschnittenen Wurzeln ausbreiten und von der Sonne trocknen lassen konnten – ohne aufwendige Heizeinrichtungen. War der viele Regen auf der einen Seite der Insel für das Gedeihen der Kava-Wurzeln ein Segen, so war es die Sonne auf der anderen Seite der Insel für das Trocknen. Nachts (wir durften die Hochdruckwaschanlage zur Reinigung der Kava-Wurzeln nur da nutzen, da sie tagsüber von den chinesischen Kollegen zum Waschen der Ingwer-Wurzeln besetzt war) fuhr ich oft mit dem Truck, beladen mit gewaschenen Kava-

Wurzeln, auf die andere Seite der Insel, um sie dort zum Trocknen auszubreiten. Ich pendelte aber nicht nur von einer Seite der Insel zur anderen, sondern auch von einer Seite der Erde zur anderen: zwischen Österreich und Hawaii. Ich war ein Monat hier, zwei dort.

Wo war ich da bloß wieder reingeraten? Jeden Tag neue, unlösbar erscheinende Aufgaben und Berge von Schulden. Da fragte ich mich schon, ob ich aus meinem Burnout etwas gelernt hatte. Ehrlich gesagt, war es für mich keine leichte Zeit, und schlaflose Nächte waren keine Seltenheit.

Es war eine Zeit, in der ich sehr oft das Gefühl hatte, in völliger Abhängigkeit zu leben und dem Goodwill anderer Menschen völlig ausgeliefert zu sein. Dieses Gefühl hatte mich schon davor in meinem Leben begleitet gehabt, egal was ich in Angriff genommen hatte. Dazu muss ich allerdings sagen, dass mich, aufgrund welcher Motive auch immer, stets Projekte reizten, von deren Inhalt und Materie ich keine Ahnung hatte. Ob es ein Auslandseinsatz für meinen ersten Arbeitgeber Honeywell in der damaligen Tatarischen SSR der Sowjetunion war, bei dem ich als 22-jähriger Techniker Anlagen in Betrieb nehmen sollte, die ich zuvor weder in Österreich noch in anderen Ländern, in die mich mein Arbeitgeber geschickt gehabt hatte, gesehen hatte. Ob ich mich mit 24 Jahren als Investor eines Hotelprojektes auf Bali wiederfand, oder eben als Kava-Farmer auf Hawaii. Gemäß diesem Muster durchlebte ich so gut wie all meine Projekte. Etwas war nun jedoch ganz anders als vor meinem Burnout. Die Zeit im Tempel hatte mich zu einer anderen Geisteshaltung und zu einer völlig anderen Lebenseinstellung geführt. Diese ließen mir all die weltlichen Herausforderungen in einem völlig anderen Licht erscheinen.

Zu dieser Zeit malte die Meisterin ein Energiebild für meine Familie und mich, das mir sehr geholfen hat, meine Balance zu erhalten.

*Mein Tun ist seither auf eine ganz klare Zielsetzung ausgerichtet: Dient das, was ich mache, jemandem? Bei allem Ungemach, das mir im Zuge dieses Tuns begegnet, stelle ich mir die Frage: Wie sehr verändert es mein Leben?*

Und dann wieder ein jähes und obendrein teures Ende. Plötzlich verboten die deutschen Behörden Kava im Jahr 2001. Die deutsche Gesundheitsbehörde hatte einige Dossiers angelegt, nach denen behauptet wurde, dass Menschen durch die Einnahme von Kava-Produkten Leberschäden davongetragen hatten. Ich habe diese Dossiers damals alle gelesen. Dass viele dieser Menschen ihre Leber durch Alkohol schwer geschädigt hatten, spielte bei der Bewertung keine Rolle. Das Ganze war an den Haaren herbeigezogen. Denn in Wahrheit war Kava am deutschen Markt so stark geworden, dass sich einige Interessensgruppen von diesem Erfolg bedroht fühlten – und im Zuge des Verbots entsprechenden Einfluss nahmen. Mit anderen Worten: Es war klassischer Lobbyismus. Und nachdem Deutschland auf dem internationalen Markt für Phytopharmaka hohe Anerkennung genoss (und noch immer genießt), zog bei dem Verbot fast die ganze Europäische Union nach. Damit war das Produkt in Europa von einem Tag auf den anderen tot. Mein Hauptkunde, eines der weltweit größten Phytopharmaunternehmen, saß in Deutschland und konnte das Produkt nicht mehr absetzen. Weltweit gab es wenige Unternehmen, die einen so hohen Bedarf hatten wie der deutsche Partner. Ich hatte 100 Tonnen Kava-Pflanzen im Boden, die wir schließlich nur noch umpflügen konnten. Es war ein Schaden in Millionenhöhe.

Das eigentliche „Problem“ war, dass Kava im Vergleich zu chemisch-pharmazeutischen Benzodiazepinen, die durchaus Nebenwirkungen mit sich bringen, in Wirklichkeit besser verträglich war. Kava ist ein Naturprodukt. Den wenigen Fällen, in welchen bei Überdosierung eine schlechte Einwirkung auf die Leber gemessen wurde, standen Millionen Fälle gegenüber, in denen Kava die Lebensqualität vieler Menschen drastisch verbessert hatte.

Kava wurde und wird im Südpazifik in eigenen Kava-Bars serviert, ähnlich wie bei uns Bier in Bierlokalen. Die dort konsumierten Mengen sind teilweise fünf- bis zehnmal so hoch wie die damals in Deutschland und Österreich höchst zugelassenen Tagesdosen.

Eigentlich hätte man annehmen sollen, dass diese unschlüssigen Dossiers zu einer neuen Bewertung führen würden, weshalb ich versuchte, noch durchzuhalten. Aber es kam anders, als erhofft.

Eine deutsche Kava-Interessensgemeinschaft prozessierte am Ende unglaubliche zehn Jahre lang gegen die Entscheidung des Bundesinstituts für Arzneimittel und Medizinprodukte (BfArM) und gewann schlussendlich den Prozess. Nach zehn Jahren musste das BfArM das Zulassungsverbot aufheben, was zu dieser Zeit aber keine Änderung am Markt bewirkte. Alle Kava-Präparate waren in der Zwischenzeit vom Markt verschwunden; niemand wagte es aufgrund der unsicheren Situation, neue Kava-Präparate zu entwickeln und durch den langwierigen Zulassungsprozess zu jagen. Kava war also theoretisch wieder marktfähig, aber die „Bedenken" des BfArM, dass Kava lebertoxisch sein würde, waren deswegen nicht verschwunden. Daraufhin wurde allen Kava-Konsumenten alle 14 Tage ein Bluttest verordnet. Das war 2015 dann das endgültige Aus. Kava als Arzneipflanze wurde bis heute nicht rehabilitiert. Anscheinend war es notwendig, all diese Erfahrungen obendrauf zu machen, um für den nächsten Schritt besser vorbereitet zu sein. Denn nun sollte ich erneut einer Pflanze folgen, die schließlich alles veränderte.

# 05

# Die ersten Schritte mit dem Papayamus

05

# Die ersten Schritte mit dem Papayamus

Kurz nach dem Kava-Desaster war es 2002 dann so weit: Ich bekam vom Kloster grünes Licht, das Projekt mit dem Papayamus zu starten. Es war, nachdem sich einige Leute, die aufgrund ihrer Ausbildung und beruflichen Praxis von der Materie zwar wirklich Ahnung hatten, nicht dazu committen konnten (aus welchen Gründen auch immer), aus dem Papayamus ein Produkt herzustellen und damit auf den Markt zu gehen. Ich hingegen hatte von der Materie wenig Ahnung, vertraute der Meisterin aber voll darin, dass ihr Papaya-Präparat ein Gewinn für die Gesundheit der Menschen und auch für mein Leben sein würde. Außerdem war es für mich nach dem Kava-Abenteuer die Gelegenheit, wieder etwas zu tun, das nicht nur für mich Sinn ergab, sondern auch für viele Menschen, die Verdauungsprobleme hatten. Und es war für mich die einmalige Gelegenheit, mich bei meiner Meisterin und dem Tempel dafür zu bedanken, dass ich nach meinem Burnout wieder auf die Beine gekommen war. Ich hatte nichts außer eine Rezeptur für die Zubereitung und eine Anwendungsbeobachtung aus dem Kloster, die die Wirksamkeit des Papayamus belegten. Natürlich nur für mich selbst. Denn wie ich bald erfahren musste, taugten die Qualität und Systematik dieser Beobachtung aus wissenschaftlicher Sicht nicht, um als Wirkungsnachweis für eine spätere Zulassung zu gelten. Wenngleich zu dieser Zeit die Anforderungen für eine Verkehrsfähigkeitsbescheinigung noch wesentlich leichter zu erfüllen waren als heute.

Der Weg vom Papayamus zu einem Produkt war aber nicht weniger steinig als mein Kava-Experiment. Ich war damals, während meiner Zeit als Kava-Produzent mit einem Salzburger Unternehmen befreundet gewesen, das ich mit diversen pflanzlichen Rohstoffen beliefert hatte. Ich wusste, dass das Unternehmen guten Zugang zu Ärzten hatte – und ein großes Netzwerk in Österreich, um neue Produkte zu testen und auf den Markt zu bringen.

Und dann ging es auch schon los. Schließlich brauchten wir das Produkt für einen größeren Test auch in größerem Umfang. Ich wusste am Anfang nichts, außer wie man das Papayamus zubereitete. Tage- und wochenlang hing ich am Telefon (Internet und Suchmaschinen steckten damals noch in den Kinderschuhen), um die Basics in Erfahrung zu bringen. Ich hatte 2002 keinen Schimmer von der Lebensmitteltechnologie, von der Herstellung, Haltbarkeit und Mikrobiologie, von klinischen Studien, medizinischen Zusammenhängen im Verdauungstrakt, Verpackungstechnologien und Zulassungsvorschriften. Ich hatte vom ganzen Gesundheitsmarkt null Ahnung. Na gut, sei es drum, dachte ich mir. Zuallererst ging es darum, das Zubereitungsverfahren auszuprobieren und kennenzulernen. Ich dachte, wenn die im Tempel das zustande bringen, bringe ich es in unserer Küche in Österreich auch zusammen. Beim Großgrünmarkt in Inzersdorf erstand ich damals die ersten Steigen Papayas, die ich zu Hause gemeinsam mit meiner Frau schälte, entkernte und in Stücke schnitt. In einem riesengroßen Topf, den meine Mutter sonst eigentlich zum Auslassen von Schweinespeck verwendete, kochte und rührte ich die Papaya-Stücke stundenlang auf einem mit Holz beheizten Herd.

Eines war klar: Ein marktfähiges Produkt konnte ich so nicht herstellen. Aber die „Heimproduktion“ zeigte mir zumindest, welche Arbeitsschritte ein potenzieller Lebensmittelhersteller durchführen musste, um das Papayamus im Kloster-Style zu erzeugen. Vom Namen Caricol wusste ich zu dieser Zeit noch nichts. Ich musste zunächst ein Unternehmen finden, das das Mus in größerem Umfang herstellen konnte. Ich graste den ganzen Markt ab, Produzenten von Marmeladen, Kinderfruchtbrei und Dergleichen. Aber es interessierte niemanden. Zunächst ziemlich frustrierend. Alle namhaften und weniger namhaften Lebensmittelhersteller im In- und Ausland hatte ich kontaktiert und versucht, ihnen mein Projekt schmackhaft zu machen. Natürlich nahm mich niemand von den bekannten Herstellern von Fruchtzubereitungen, Marmelade oder Babynahrung ernst. Und dann kam es doch: das einzige und richtige Unternehmen für meine Vorhaben.

Ich landete bei der Firma „Frey Delikatessen". Erhard Frey, der Besitzer und Geschäftsführer, erbarmte sich damals meiner. Für eine erste Testabfüllung in Flaschen pilgerte ich wieder zum Großmarkt nach Inzersdorf und füllte mein Auto mit Papayas aus Brasilien an. Schälen, entkernen und in Stücke schneiden musste ich sie gemeinsam mit meiner Frau in Heimarbeit. So fuhr ich also mit meinen Papaya-Stücken in Plastikfässern in den 21. Wiener Bezirk zur Firma Frey. Dort durfte ich meinen Papaya-Stücken beim Kochen in großen Kesseln zusehen und darauf achten, dass nichts anbrennt. Ich verbrachte Tage und teilweise ganze Nächte in der Produktionshalle, bis wir die richtigen Einstellungen von Parametern zur Herstellung des heilsamen Papayamus gefunden hatten. Als wir nach Wochen die ersten Gläser befüllen konnten, war das ein sehr erhebendes Gefühl. Erstmals konnte ich etwas zum Herzeigen, Angreifen und Verkosten vorweisen. Was mir besonders wichtig war: Natur pur, also keine Konservierungsmittel, keine Geschmacksverstärker und keine Farbstoffe in meinem Produkt. Die Firma Frey produzierte eigentlich alles Mögliche – von Delikatessen,

Ketchup, Rübensalat bis hin zu Pasteten. Es war der Junior Chef, der mich vom ersten Augenblick an unterstützte, ohne zu wissen, ob aus meinen Plänen jemals etwas werden oder er einen Gewinn daraus erzielen würde. Denn ich war, was dieses Business anging, ein Niemand, hatte noch keine Position am Markt. Ich hatte nur eine Produktidee und war auf der Suche nach jemandem, der mir das Produkt herstellen konnte. Schließlich hatte ich zu Hause keine 100-Liter-Kessel, in denen ich das Mus über lange Zeit hätte köcheln lassen, geschweige denn hätte abfüllen können. Erhard Frey brachte mir das Einmalseins der Lebensmitteltechnologie bei, inklusive alledem, was drumherum zu wissen war und von dem ich bis dahin keinen blassen Schimmer gehabt hatte. Ich hatte keine Ahnung von Mikrobiologie, den unterschiedlichen Arten der Konservierung oder von PH-Werten, die man in einem Lebensmittelprodukt braucht, damit sich keine pathogenen Keime entwickeln können. Das heißt, ich stand einige Zeit später da und hatte – weit entfernt von der heutigen Verpackung – Gläser mit Papayamus, die dort abgefüllt wurden, wo sonst fermentierte Salate entstanden. Kleine sechseckige Gläser – das war die erste Herstellung.

*Der erste professionelle Schritt, um Ärzte für eine Studie mit dem Papayamus zu versorgen.*

Dann ließen wir den Ärzten das Papayamus mit einem kleinen Anwendungsprotokoll zukommen – und die Anwendungsstudie konnte endlich beginnen. In der Zeit kam mir auch die Idee für den Namen. Ich habe heute noch eine Liste mit dutzenden Ideen von damals, schließlich setzte sich dann Folgendes durch: Der erste Teil „Cari" stammt vom lateinischen Namen der Papaya – „Carica Papaya". Der zweite Teil „Colon" steht für den Darm, jenes Organ, zugunsten dessen Caricol seine Hauptwirkung entfaltet. Im Nachhinein ist das eine nahezu zwingende Namensfindung.

Von der zunehmend funktionierenden Geschäftsidee bekamen auch meine Partner in Salzburg Wind. Und dann passierte etwas, auf das ich vielleicht besser vorbereitet war als noch zu Zeiten, bevor ich mit dem Kloster und der buddhistischen Praxis in Verbindung gekommen war. Meine Partner aus Salzburg, die ich zur Durchführung einer ersten Anwendungsbeobachtung mit Ärzten gewinnen konnte, erkannten das Potenzial des Produkts und wollten es quasi kapern. Mich brauchten sie dazu nicht mehr. Bevor ich das Papayamus überhaupt auf den Markt bringen konnte, versuchten sie sich mit der gleichen Idee in den Markt reinzudrängen. Wieder die falschen Partner, die mir von Anfang an das Leben schwer machten, und die im Vergleich zu mir bereits einen großen Zugang zum Markt hatten, während ich noch im Aufbau war. Aber ich hatte ihnen weder die richtige Zubereitung noch die genaue Rezeptur verraten. Das machte wohl generell den Unterschied zwischen einem Produkt aus, das ehrlich, sauber und gesund ist, das exklusiv und mit Liebe zu Mensch und Natur entdeckt und hergestellt wurde, und einer Kopie, die nur auf Geld aus war. So etwas kann man nicht mal eben so kopieren. Und so kam es auch. Meine diebischen Partner kauften von irgendwoher Papayamus ein, füllten es ab und versuchten, es zu verkaufen. Der nächste Fehler, den sie begangen, war der Versuch, das Mus für einen anderen Geschmack mit Ananas aufzuwerten, nicht wissend, dass Ananas nach der TCM-Lehre genau die Kontraindikation, also die gegenteilige Wirkung der Papaya hat. Es wirkt nämlich abkühlend auf den Organismus. In ihrer Unwissenheit und Gier war das den Salzburger Partnern aber völlig egal. Hauptsache das Mus sah annährend so aus wie meines. Auch in ihrer Bewerbung und Auslobung bedienten sie sich der Wirkung meines Produktes, ohne selber irgendetwas in die Forschung investiert und generell verifiziert zu haben, dass ihr Produkt auch wirklich wirkte. Trotz Klage meinerseits zeigte das Gericht kein Interesse an meinen Argumenten. Am Ende war es wieder meine Meisterin, die mir gut zuredete, mir keine Sorgen zu machen. Meine Sorge war dennoch, dass das spezielle Papayamus nicht den Weg zu jenen Menschen finden würde, die es wirklich dringend brauchten.

Ich hatte mit dem Chef der Salzburger Firma einige Jahre intensiv zusammen gearbeitet und ihn mit hawaiianischen Arzneipflanzen beliefert. Ich hatte ihn mehrfach davor gewarnt, dass er mit seinem Verhalten sein eigenes Unglück säen würde.

*Von den drei Giften sind es Macht und Gier, die das Leiden der Menschen verursachen.*

Durch seine Geldgier hatte er nicht nur mich betrogen und mein Vertrauen missbraucht. Wie ich später erfuhr, war ich nicht sein einziges Opfer gewesen. Es liegt mir fern, sein Schicksal in einen direkten Zusammenhang mit seinem Verhalten zu bringen, aber für ihn hatte das Leben fortan keine Freude mehr parat.

Meine Reise jedoch ging mit neuen Partnern weiter. Ich wollte nun unbedingt auch den wissenschaftlichen Beleg für die Wirksamkeit des Papayamus in Händen halten. Ich hatte während meiner Laufbahn unter anderem ein telemedizinisches Institut betrieben. Etwas, das sich der eine oder andere in Zeiten der Digitalisierung kaum noch vorstellen kann. Es war ein Institut ähnlich einem Call Center mit dem Namen „Heart Watcher", spezialisiert auf Herzkrankheiten. Das Institut gab seinerzeit Geräte aus, mit denen das EKG aufgezeichnet werden konnte. Aber da es noch keinen digitalen Weg gab, um die Ergebnisse an medizinisches Personal zu senden, konnte man diese bei Bedarf zur weiteren Auswertung per Telefon an unsere Mitarbeiter senden. Dort saßen sieben Tage die Woche 24 Stunden lang Kardiologen, die im Bedarfsfall alles tun konnten, um den Menschen zu sagen, wo sie in Sachen Herzgesundheit standen und was sie tun sollten. Ein damals exklusiver Service. Die seinerzeitige ärztliche Leiterin des Instituts war im medizinischen System gut vernetzt und brachte mich schließlich mit Ärzten in Verbindung, die geriatrische Kliniken leiteten. Die idealen Orte für die Studie. Ich konnte die Ärzte des geriatrischen Zentrums Wienerwald und des geriatrischen Zentrums Baumgarten, beide in Wien, davon überzeugen, die Wirkung des Papayamus auf die Verdauung beziehungsweise auf Verdauungsprobleme zu beobachten. Die Studie dauerte einige Monate und verlief sehr erfolgreich, sodass die Ärzte die Wirkung von Caricol bei Verstopfung und Blähungen sehr gut dokumentieren konnten. Dazu muss man wissen, dass die Patienten in einer geriatrischen Klinik überwiegend bettlägerig sind, einen ganz langsamen Metabolismus haben und zwei- oder dreimal die Woche Abführmittel bekommen, da die natürliche Darmtätigkeit sehr eingeschränkt ist. Gemeinsam mit den Ärzten dachten wir uns damals, wenn Caricol bei geriatrischen Patienten funktioniert, dann funktioniert es überall. Denn vergleichbare Umstände von Darmträgheit findet man sonst kaum vor.

Vor und während der Anwendungsbeobachtung verbrachte ich sehr viel Zeit in den geriatrischen Zentren. So hatte ich die Gelegenheit, Schwestern, Ärzte und Patienten näher kennenzulernen. Von allen Seiten wurde mir Unterstützung angeboten und sehr großes Wohlwollen entgegengebracht. Noch gut erinnern kann ich mich an die Weihnachtszeit. Ich kaufte für alle Patienten am Großgrünmarkt hawaiianische Blumen und brachte sie ihnen ans Krankenbett.

Wie auch immer, jetzt wusste ich: Auf diesen Ergebnissen konnten wir wirklich aufbauen, der ganze zwischenzeitliche Wahnsinn, alle Hürden, die ich nehmen musste, hatten sich ausgezahlt. Und dabei stand nicht das Geld an erster Stelle, das sollte später noch zu einem massiven Problem mit einer ebenso glücklichen Lösung werden. Das alles spielte sich zwischen 2002 und 2004 ab. Nun hatten wir zumindest einmal herzeigbare, relevante Anwendungsbeobachtungen.

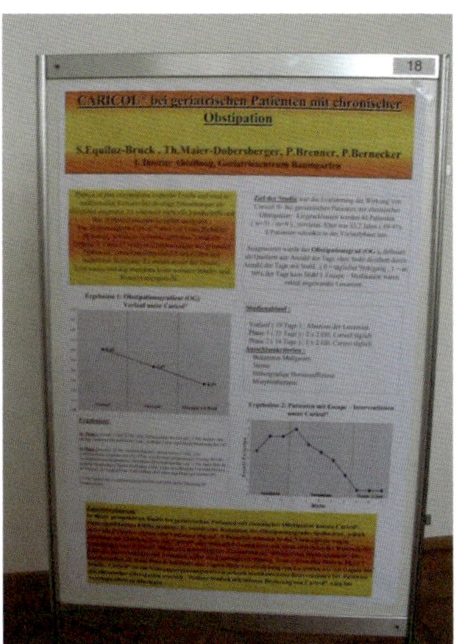


*Ji Kwang Dae Poep Sa Nim,*
*Daily Reminder 7067 vom 15. Oktober 2011*

*Die erste Anwendungsbeobachtung brachte 2003 in einem geriatrischem Zentrum erste Gewissheit darüber, wie das Papayamus wirkt.*

Ich kann mich noch gut an die Oberärztin erinnern, die mein Projekt so hervorragend leitete und begleitete. Auch das gehört zum Erfolg dazu, dass man authentische und ehrliche Partner findet. Die Oberärztin hatte eine Zeit bei kanadischen Indianern gelebt, beschäftigte sich intensiv mit Naturmedizin und war vom Papayamus völlig begeistert. Sie engagierte sich sehr für dieses Projekt und erklärte mir sehr viel über den Verdauungsapparat, von dem ich bis dahin keinen blassen Schimmer gehabt hatte. Rückblickend muss ich sagen, hatte ich in diesem neuen Leben nach dem Burnout immer mehr Menschen um mich, die von der Idee eines reinen Naturprodukts zur Unterstützung der Verdauung begeistert waren, die mein Wagnis unterstützten und von denen ich vor allem sehr viel lernen konnte. Und was die Studien anging, sollte uns Jahre später noch ein schöner Durchbruch gelingen.

Aber wir waren immer noch am Anfang. Nun kam folgende Frage auf: Wie bringen wir das Produkt am besten zu jenen Menschen, die es dringend brauchen? Das war am Anfang nur in Gläsern und Flaschen möglich, wobei sich relativ schnell herausstellte, dass diese Verpackungsvariante für Kliniken zwar gut geeignet war, aber nicht für die Menschen zu Hause. Die Verpackung in Gläsern und Flaschen und der Anspruch, ohne Konservierungsmittel zu produzieren, passten aus Haltbarkeitsgründen nicht zusammen. Wir pasteurisierten das Mus ja nur. Was passierte? Na klar, die Menschen öffneten das Glas, der Löffel wanderte ins Glas, danach in den Mund und wieder ins Glas. Die Folge: Innerhalb kürzester Zeit war der Rest im Glas verdorben. Oder es wurde der Empfehlung nicht gefolgt, das Glas nach dem Öffnen in den Kühlschrank zu stellen. Oder der Zeitraum, innerhalb dessen das Mus zu verbrauchen war, wurde nicht eingehalten. Die Zahl der Reklamationen stieg und stieg, das Produkt wurde einfach zu schnell schlecht. Die Umstellung auf eine völlig andere Verpackung war extrem aufwendig und teuer und mir ging langsam aber sicher das Geld aus. Nun war ich schon so weit gekommen, die nächste Hürde klopfte an die Tür.

Doch was dann kam, war wie das berühmte Wunder oder das, was wir gerne als glücklichen Zufall bezeichnen. Ich hatte all die Zeit über weiter enge Verbindungen nach Hawaii gepflegt. Dort hatten sich die Farmer auch mit einer anderen Pflanze beschäftigt. Außerdem hielt ich Kontakt zu den Firmen, die am Phytopharmamarkt in Europa agierten. Und plötzlich entstand ein Hype um das Getränk „Noni". Noni ist die Frucht des indischen Maulbeerbaums und wird in der traditionellen Medizin Polynesiens und Südostasiens seit Jahrhunderten zum Beispiel zur Wundheilung, bei Entzündungen und Infektionen eingesetzt.

Die Kontakte zu Unternehmen, die auf Hawaii Noni anpflanzten und daraus Saft und Konzentrate produzierten, zahlten sich buchstäblich aus, nachdem eine konkrete Lieferanfrage eines Unternehmens aus Hamburg auf meinem Tisch gelandet war. Damals war das Produkt in der EU allerdings rechtlich als „Novel Food" eingeordnet, sprich wie alles, was nicht vor 1997 in einem bedeutsamen Umfang als Lebensmittel im Umlauf war, benötigte es von der EU eine entsprechende Novel-Food-Zulassung. Ich setzte mich mit dem Gesundheitsministerium in Verbindung und kämpfte darum, diese Zulassung zu bekommen. Auch da hatte ich Glück, im Gesundheitsministerium auf einen Mann zu treffen, der mich regelrecht an die Hand nahm, um mich durch den Zulassungsdschungel zu lotsen. Schlussendlich stellte er dann obendrein noch Kontakt zu den entscheidenden Stellen der EU-Administration her.

Das Produkt musste also von der EU bewilligt werden. Wir waren gerade mal das dritte Unternehmen in der ganzen EU, das eine Novel-Food-Zulassung für Noni bekam. Plötzlich explodierte der Markt, sodass ich hunderte Tonnen Noni-Saft importieren konnte. Und plötzlich lösten sich auch meine Geldsorgen rund um die Weiterführung des Papaya-Projekts in Luft auf. Meine schon eingeleiteten Gespräche mit der Bank konnte ich wieder ad acta legen.

*Die hohe Nachfrage nach Noni erwies sich als rettender Glücksfall für Caricol*

Die Glasverpackung für Caricol hatte jedenfalls keine Zukunft und wir waren gefordert, Alternativen zu finden. Dank des guten Geschäfts mit Noni war es möglich, ein Beratungsunternehmen dazu zu beauftragen, alternative Verpackungslösungen zu entwickeln. So kamen wir auf die Einzeldosisverpackungen mit den Stickpacks.

Die Beratungsfirma war es auch, die uns sogleich einen potenziellen Lohnhersteller für das Abpacken in Stickpacks empfahl – ein Unternehmen in der Nähe von Frankfurt. Für eine Testabfüllung in Stickpacks begann ein Spießrutenlauf. Frisch produziertes Caricol in einem 100-Liter-Fass musste innerhalb weniger Stunden von der Produktion bei der Firma Frey in Wien nach Frankfurt zum Abpacken transportiert werden. Das bedeutete: Früchte am Großgrünmarkt einkaufen, schälen, entkernen, in Stücke schneiden, zu Frey bringen, in einem 12-Stunden-Herstellungsvorgang zu Caricol verarbeiten, möglichst keimfrei ins Fass füllen und mit dem Auto ab nach Frankfurt führen. Kurz vor Salzburg gab mein Auto den Geist auf. Na perfekt! Jetzt konnte ich mein Vorhaben, das Fass Caricol unverdorben zum Abpacker in Frankfurt zu bringen, begraben. Aber, wie heißt es so schön? „Wenn du glaubst es geht nicht mehr, kommt von irgendwo ein Lichtlein her." Das Lichtlein war mein Freund, der damals am Chiemsee wohnte. Er kam mit seinem Auto zur Werkstatt – und weiter ging es nach Frankfurt. Die erste Caricol-Testabfüllung in Stickpacks konnte beginnen.

Danach war klar: Das würde die Methode der Zukunft sein, um Caricol anzubieten. In Österreich gab es zu dieser Zeit nur ein Unternehmen, das eine Stickpack-Verpackungsmaschine im Einsatz hatte: die Firma Senna. Sie hatte die Maschine angeschafft, um Ketchup und Salatdressings in Sticks abzufüllen. In Lohnarbeit für andere Firmen abzufüllen, stand allerdings nicht auf ihrem Plan. Wie immer lag es am Willen der Ton-angebenden Personen, und so gelang es mir, Senna zur Abpackung von Caricol in Stickpacks zu gewinnen.

Nun war es aber auch an der Zeit, sich Gedanken darüber zu machen, wie wir unser großartiges Naturprodukt zu den Menschen, die es brauchten, bringen konnten. Ich hatte aus meiner Kava-Zeit Kontakt zu einigen Ärzten, denen ich mein Verdauungspräparat aus der Papaya-Frucht natürlich vorgestellt hatte. Eine Ärztin hatte das Präparat bereits einer Frau in Graz schmackhaft gemacht und ebnete so den Weg für eine entscheidende Partnerschaft, die bis heute anhält. Als ob eine wohlwollende Hand, die dabei helfen wollte, alle Hürden zu beseitigen, über allem lag.

CARICOL®
FOR A HEALTHY DIGESTION
CARICOL

# 06

## Die Geburt der Marke Caricol

06

## Die Geburt der Marke Caricol

Am Anfang des Kapitels sehen Sie unseren ersten Markenauftritt, der heute ganz anders aussieht. Eine wohlwollende Hand für unseren Start war Anita Frauwallner. Sie ist im Sinne der Vermarktung die Geburtshelferin von Caricol. Zu jener Zeit, als wir uns kennenlernten, war sie noch eine „One-Woman-Show". 1991 gründete Anita das Institut Allergosan, getrieben von der Vision, Probiotika, Vitamine und Mineralien mit höchster Qualität auf den Markt zu bringen, um Krankheiten am besten gar nicht erst entstehen zu lassen. Von Caricol war sie auf Anhieb überzeugt. Es brauchte nur zwei Treffen, um unsere Zusammenarbeit zu besiegeln. Anita erkannte das Potenzial dieses natürlichen Verdauungshelfers sofort und nutzte ihre guten Beziehungen zu Apotheken. Bald konnten wir Allergosan mit kleinen Mengen beliefern. Ich wusste, dass ich jemand Besonderes getroffen hatte. Das bestätigt sich bis heute, denn von Graz aus eroberte Anita Frauwallner mit Allergosan quasi die ganze Welt. Allergosan zählt heute zu den größten Anbietern für Probiotika und steht kurz davor, die Nummer eins auf dem Weltmarkt zu werden.

Dabei hatte Anita einen nicht weniger steinigen Weg als ich hinter sich. Denn schon ihre ersten Erfolge riefen einige Neider aus der Pharmabranche auf den Plan, die gegen ihre junge Firma völlig zu Unrecht ins

Feld und vor allem vor Gericht zogen. Die ersten Jahre waren schwierig, bis es gelang, Ärzte und Apotheker von der großartigen Wirksamkeit eines völlig natürlichen Präparates für Indikationen, für die bislang hauptsächlich Arzneimittel verwendet wurden, zu überzeugen. Schritt für Schritt entstand ein professionelles Team – auch im Außendienst. Was ich bis heute bewundere, ist, dass sich Anita gegen alle Widerstände in einer von Männern dominierten Branche nicht nur durchgesetzt hat. Nach all den Kämpfen blieb sie obendrein immer dankbar für das, was sie da geschafft hatte. Sie kann ihren Erfolg stets relativieren.

*Wenn ihr eure Aufgaben und Projekte mit einer aufrichtigen Absicht beginnt und verfolgt, braucht ihr euch um den Erfolg keine Sorgen machen. Es kommt alles, was ihr zur Erledigung oder Vollendung braucht, und niemand kann euch stören oder aufhalten. Geht mit Zuversicht an eure Aufgaben heran, wenn euer Vorhaben oder eure Aufgaben anderen nützen, werdet ihr sie mit Leichtigkeit erledigen.*

*Mag. Anita Frauwallner, Gründerin des Institut Allergosan, und Franz Brenner 2012*

Wir mussten gemeinsam einen langen Atem haben, denn bis Caricol begann, am Markt zu funktionieren, dauerte es rund sechs Jahre. Etwas Derartiges braucht einfach Zeit, vor allem wenn man nicht Millionen in die Publikumswerbung investieren kann. Jedenfalls war ein ganz wichtiger Schritt, um die Apotheken mit ins Boot zu holen, die Gründung der Fachakademie, einer Plattform, um Apothekenmitarbeiter ganz speziell zur Darmgesundheit auszubilden. Diese Möglichkeit kam bei den Apothekern und Ärzten so gut an, dass wir plötzlich sowohl bei den Produkten vom Institut wie auch bei Caricol geradezu einen Boost erlebten. Es war der Start einer großen Erfolgsgeschichte, die bis heute nicht abreißt.

Was nicht heißt, dass es nicht weitere Hürden gab – und gibt. Da kommen zum Beispiel die sogenannten Health-Claims-Verordnungen ins Spiel. Was grundsätzlich den Verbraucher vor unlauteren Gesundheitsaussagen schützen soll, beschäftigt Anwälte und Lobbyisten aller Couleur und sogenannte Klagvereine besonders in Deutschland. Ohne das an dieser Stelle weiter vertiefen zu wollen, kann ich mich erinnern, dass wir uns kurz nach dem Markteintritt in Deutschland mit nur einer einzigen Anzeige in einem Fachmagazin für Apotheken gleich die erste Klage einheimsten. Die konnten wir aber abwehren.

Ab März 2004 lieferten wir Caricol erstmals an Apotheken aus. Das hatte noch so bescheidene Ausmaße, dass ich zunächst das Papayamus aus Hawaii importierte. Dann folgte ein Lieferant aus Ecuador, von Bio war da noch keine Rede. Mit anderen Worten: Unsere ersten Produkte waren noch nicht das, was wir später, ja bis in die Gegenwart, erreichten. Ich erkannte, dass das, was wir da aus Ecuador angeliefert bekamen, nicht dem entsprach, was wir ursprünglich in Hawaii produziert hatten: gute Früchte, die wir selber geschält und entkernt hatten, die nach

Europa verfrachtet werden sollten, um schließlich in Wien verarbeitet zu werden. Der feine, aber entscheidende Unterschied war in Ecuador das maschinelle Entkernen und Schälen der Früchte, da bei dieser Methode sehr viel von den so wertvollen Faserstoffen in den Sieben hängen blieb. Diese Fasern sind aber sehr wichtig, um nach der Verarbeitung eben die entsprechende Wirksamkeit im Verdauungstrakt zu erreichen. Also begann die nächste Suche nach einer Lösung. Ich musste einen Weg finden, hochwertige Papaya-Früchte zu bekommen und dafür Sorge tragen, dass diese anders, womöglich und am besten händisch, verarbeitet würden.

Zu dieser Zeit begannen auch unsere Expansionsaktivitäten in andere Länder. Wie wir später noch sehen sollten, landeten wir rasch in den USA. Der Vertriebspartner aus den USA sah in unserem Produkt große Chancen, allerdings verfügten wir über keine Bio-Zertifizierung, was aber der Anspruch unseres neuen Partners war.

Dieser Schritt wiederum folgte schließlich schneller, als ich gedacht hatte. Für die nötigen Kontakte eigneten sich Messen doch immer schon gut. Auf der immens großen Natural Products Expo in Los Angeles stieß ich auf ein Unternehmen aus Sri Lanka, das Bio-zertifizierte Papaya-Stücke anbieten konnte. Auch das war der Beginn einer langen Partnerschaft.

06

# 07

# Zertifizierte Bio-Papayas aus Sri Lanka – Fair Trade ohne Kompromisse

07

# Zertifizierte Bio-Papayas aus Sri Lanka – Fair Trade ohne Kompromisse

Die erste Reise nach Sri Lanka, später von unzähligen weiteren gefolgt, war angesagt. Es war im Jahr 2006. Zu dieser Zeit war Sri Lanka noch mitten im Bürgerkrieg zwischen Regierung und Tamilen im Norden des Landes. Alleine die Landung des Flugzeuges – ich flog mit Emirates über Dubai nach Colombo – war unbehaglich. Nicht etwa wegen etwaiger Turbulenzen, sondern wegen der mit schwer bewaffneten Soldaten besetzten Bunker links und rechts neben der Landebahn. Dieses Bild setzte sich auf der Fahrt in die Stadt Colombo fort, inklusive zahlreicher Kontrollen. Die Übernachtung in einem alten, in englischem Kolonialstil erbauten Hotel war fast aufregend, noch „very british“. Am nächsten Tag wurde ich abgeholt, und auf holprigen Straßen ging es zur Papaya-Fabrik von meinem Partner Annes. Mit einfachsten Mitteln ausgestattet, wurden dort die von den Farmern angelieferten Papayas geschält, entkernt, in Stücke geschnitten und anschließend in einen Kühlcontainer zum Einfrieren geschlichtet. Alles, was wir von der Papaya-Frucht brauchten, fanden wir dort vor. Eine lange Zusammenarbeit mit Cecil Food und eine lange Freundschaft mit Annes nahmen ihren Anfang.

Später verkaufte Annes, der Eigentümer von Cecil Food, seine Firma an eines der größten Unternehmen in Sri Lanka, die Ceylon Biscuits Limited, die überwiegend Süßwaren herstellte und sich mit Annes sozusagen noch einen weiteren Geschäftszweig angelacht hatte. Annes verkaufte allerdings nicht nur seine Firma, sondern sich selbst als Geschäftsführer gleich mit. Bis heute ist unsere Beziehung und Freundschaft aufrecht, obwohl er schon lange nicht mehr im Unternehmen tätig ist.

*Annes Junaid, ehemaliger Eigentümer der Cecil Food*

Nach einigen Jahren einer im wahrsten Sinne des Wortes fruchtbaren Zusammenarbeit wurde ich mit einem Norweger bekannt gemacht. Er lebte seit Jahren in Sri Lanka und begleitete dort in Zusammenarbeit mit der norwegischen Entwicklungshilfe Entwicklungsprojekte. Er führte mich auf eine mehrere Autostunden von Sri Lanka entfernte Farm hoch in den Bergen. Am Weg dorthin hielt er plötzlich an einem Straßenstand an. Ich konnte es nicht glauben: Es war ein Fischstand ohne Kühleinrichtungen! Vor lauter Fliegen konnte man die Fische fast nicht mehr sehen. Dennoch bekam man nur an diesen Ständen fangfrische Fische. Ein Blick in die Augen, verriet, dass sie wirklich frisch waren – am Abend landeten sie auf unseren Tellern.

Mit dem Norweger gemeinsam plante ich, eine eigene Papaya-Produktion und Verarbeitung in Monaragala, einem Distrikt im Osten Sri Lankas, aufzubauen. Dieses Gebiet galt als wirtschaftlich unterentwickelt, die Bevölkerung lebte oft unter der Armutsgrenze. Das Anbaugebiet war stark vom 30-jährigen Bürgerkrieg betroffen und hatte viele Opfer zu beklagen. Die Regierung bemühte sich um Wiedergutmachung und stellte den Familien die landwirtschaftlichen Flächen für 30 Jahre gratis zur Verfügung. Lange Zeit waren die Flächen brach gelegen, bevor wir in Kooperation mit der norwegischen Entwicklungshilfe Norad, einem norwegischen Fruchtimporteur und der österreichischen Entwicklungshilfe (ADA) ein Entwicklungsprojekt planten. Es sollte die Bewohner durch Schulungen im Bio-Anbau, durch Infrastrukturmaßnahmen, den Bau von Bewässerungsanlagen und die Errichtung einer Fabrik zur Fruchtaufbereitung und -verarbeitung unterstützen.

Hinter allem, was wir angingen, stand (und steht auch heute noch) die Intention, Menschen zu helfen und sie dabei zu unterstützen, zufrieden und glücklich zu sein. Dieser Vorsatz beschränkte und beschränkt sich nicht nur auf die Konsumenten des Produktes. Die faire Behandlung aller, die am gesamten Herstellungsprozess beteiligt waren und sind, ist Teil der buddhistisch geprägten Philosophie, auf der Caricol aufgebaut ist. Unser Anspruch ist es, dass jeder – vom Bauer, Verarbeiter, Abfüller, Mitarbeiter im Vertrieb bis hin zum Apotheker – für seine Arbeit fair entlohnt wird. Die Papaya-Bauern in Sri Lanka zum Beispiel erhalten Löhne, die über dem üblichen Marktwert liegen. Damit ist auch für ihre Familien eine bessere Lebensqualität gesichert.

Leider wurde aus diesem ursprünglich sehr groß dimensionierten Entwicklungsprojekt nichts. Die Finanzkrise machte uns 2010 einen Strich durch die Rechnung. Der Hauptinvestor aus Norwegen konnte seine Versprechen nicht einhalten, und wir mussten kurzfristig vollkommen umdisponieren. Für die bereits in Planung befindliche Produktionsanlage zur Herstellung von Caricol in Sri Lanka mussten ein anderer Partner und ein anderer Standort gefunden werden. Mit der Verlagerung der Herstellung von Caricol von Wien nach Sri Lanka wollten wir auch näher an die Früchte herankommen und sie länger am Baum behalten.

*Faire Arbeitsbedingungen waren und sind Grundwerte von Caricol.*

Mit der Zusammenarbeit mit unserem Lohnhersteller zur Abfüllung von Caricol in Stickpacks begann auch jene mit Stefan Weber, damals noch Produktionsleiter bei der Firma Senna in Wien. Als ich 2004 die Fühler ausstreckte, um einen Abfüller zu finden, traf ich bei der Firma Senna regelrecht ins Schwarze. Vom Geschäftsführer, über die Marketingleiterin, den Betriebsleiter bis hin zu ganz besonders dem damaligen Produktionsleiter traf ich auf ein Team von Entscheidungsträgern und Machern, die mir mit einem unglaublichen Einsatz und Enthusiasmus zur Seite standen und mein Caricol-Projekt unterstützten, obwohl meine im Raum stehenden Aufträge zum damaligen Zeitpunkt mickrig waren. Ich musste sehr hart, mit enormer Ausdauer und mit noch viel größerem Vertrauen und größerer Zuversicht am Gelingen des Caricol-Projektes arbeiten, merkte aber immer wieder, dass, wenn es um entscheidende Momente und um Unterstützung von außen ging, mich eine wundersame Kraft dabei begleitete.

Als es darum ging, die Anlage für die Herstellung von Caricol in Sri Lanka zu entwickeln und zu bauen, war es Stefan Weber, der den Kontakt zu einem österreichischen Maschinenbauer herstellte. Stefan entwarf die Anlage in Zusammenarbeit mit diesem Maschinenbauer. Bevor sie dann 2011 tatsächlich nach Sri Lanka verschifft werden konnte, sagte er: „Stopp, wir bauen die Anlage zuerst bei uns im Unternehmen auf und nehmen sie in Betrieb, um zu sehen, wie sie funktioniert." Auf die Idee wäre ich nicht gekommen, aber Stefan hatte langjährige Erfahrung und wusste, was es bedeutete, eine neu entwickelte Maschine in Betrieb zu nehmen. Er wusste, welche „Kinderkrankheiten" solch komplexe Maschinen haben konnten. Im praktischen Testbetrieb stellte sich heraus, was wir alles anpassen und umbauen lassen mussten. Das alles wäre in Sri Lanka gar nicht oder nur mit erheblichem zeitlichen und finanziellen Aufwand möglich gewesen. Als es nach Monaten so weit war, dass das „Go nach Sri Lanka" ausgesprochen werden konnte, engagierten wir eine auf Seefrachtverpackungen spezialisierte Firma aus Oberösterreich, die rund um die Anlage eine Art Holzhaus baute. Somit war die Anlage vor Beschädigungen in Häfen und auf Containerschiffen geschützt – ein erbaulicher Tag und ein großer Meilenstein in der Geschichte von Caricol.

*Eine der größten Herausforderungen war, die Verpackung in der richtigen Dosierung zu entwickeln.*

In Österreich wollte eine weitere Aufgabe gelöst werden: Da wir unserem Papaya-Produkt keine Konservierungsmittel zusetzen wollten, mussten wir den Keimen, die darin einen wunderbaren Nährboden fanden, anders beikommen, eben auf natürliche Art. Die Lösung hieß: Pasteurisieren, also Haltbarmachen über Wärmebehandlung. Und über Wärme konnte sich Caricol ja wirklich nicht beschweren, denn das Herstellungsverfahren, also von der Papaya zu Caricol, implizierte einen über Stunden andauernden Kochvorgang. Nachdem die Firma Senna über keinen Autoklaven zur Sterilisierung verfügte, brachten wir die ersten Sticks zu unserem ersten Geburtshelfer, der Firma Frey und ließen sie durch ein Heißwasserbad „schwimmen“. Aber aus dem Bad kamen die Sticks nass heraus und mussten vor dem Abpacken in Faltschachteln erst einmal getrocknet werden. Dieses ganze Prozedere hätte unser Naturprodukt Caricol unerschwinglich gemacht. So klappte es also nicht. Aber wie dann?

Bei Senna stand ein Schrumpftunnel, ein Heißluftkanal bereit, der dazu diente, eine Verpackungsfolie über ein Produkt zu schrumpfen. Also versuchten wir, die in Faltkartons abgepackten Stickpacks entsprechend langsam durch diesen Schrumpftunnel zu lassen, um alle 20 Sticks in dieser Packung auf mindestens 80°C zu erhitzen und so haltbar zu machen – mit dem Ergebnis, dass die ganzen Boxen zu brennen begannen, und der Rauchmelder die Feuerwehr alarmierte. Diese Versuche konnten wir nur nachts machen, wenn der Normalbetrieb bei Senna nicht gestört wurde. Und so war es auch nachts, als die Feuerwehr angerückt kam.

Irgendwann sahen wir dann ein: Die einzige Lösung war, Caricol selbst mit 80°C in die Folie abzufüllen. Damit wurden sowohl Caricol als auch die Folie keimfrei gemacht – und gehalten.

Es hat einen Grund, warum kaum ein Unternehmen ihr Füllgut heiß in Folie abfüllt. Es ist eine unheimliche Herausforderung. Nicht nur die Qualität und Beschaffenheit der Folie selbst, wir sprechen von einem High-Tech-Produkt, das in mehreren Schichten aufgebaut wird. Jede Schicht besteht aus einem anderen Material und hat eine andere Aufgabe, vom Kontakt zum Lebensmittel, der Sauerstoffbarriere, der Aufbringung des Drucks etc. Wir sind inzwischen beim vierten Folienhersteller angelangt. Und auch die Stickpack-Abfüllmaschine muss ganz speziell für eine Heißabfüllung konzipiert werden. Wenn in den Maschinenstellungen auch nur eine Kleinigkeit nicht passt, funktioniert die Abfüllung nicht. In den 20 Jahren der Zusammenarbeit mit Senna haben wir es Stefan Weber zu verdanken, der immer und immer wieder seine Erfahrung, sein Knowhow und vor allem seine Geduld und Unnachgiebigkeit eingebracht hat. Und das zu jeder Tages- und Nachtzeit, denn wir füllten häufig im Dreischichtbetrieb ab. Er war es, der die Maschine immer wieder nachjustierte und möglichen Ursachen für Störungen auf den Grund ging. Als Konsument ist es schwer nachvollziehbar, was hinter einem so banal anmutenden Produkt wie Caricol steckt. Und welcher unglaubliche Aufwand erforderlich ist, bis dieses Produkt in dieser Form in den Händen des Konsumenten landen kann. Heute laufen jede Minute einige hundert Sticks aus der Abfüllmaschine.

Und der Produktionsleiter von damals ist heute der technische Geschäftsführer der Firma Senna. Und auch heute noch betreut er die Anlage in Sri Lanka, die er seinerzeit entworfen und auf Herz und Nieren geprüft hat. Ein großes Danke, Stefan!

# 08

# Der Schritt in andere Länder

08

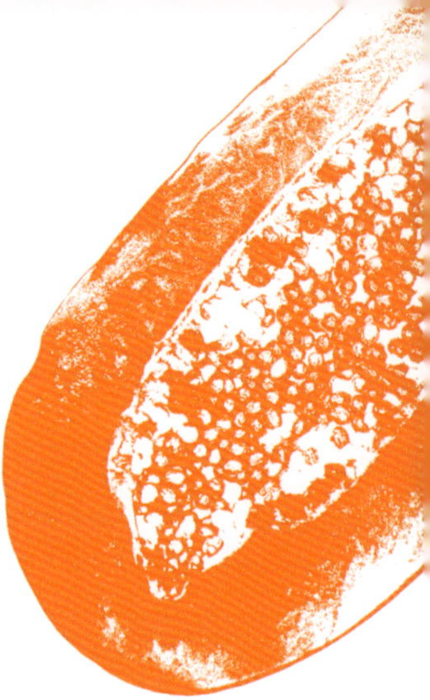

## Der Schritt in andere Länder

Womit ich nicht gerechnet hatte, war das große Interesse an Caricol auf internationalen Messen. Ich präsentierte Caricol auf Fachmessen und medizinischen Kongressen in vielen Städten Europas, in Los Angeles, Orlando, New York, Las Vegas, Tokio u.v.a.m., und wir bauten relativ schnell ein großes Vertriebsnetz auf – von Portugal über Spanien und Frankreich bis in die Schweiz. Von Norwegen über Schweden und England bis nach Italien sowie Japan, Russland und die USA.

Im Juni 2004 stellten wir Caricol auf einer Messe in Amsterdam aus. Eine Frau stürmte auf unseren Stand zu und sagte: „Dieses Produkt möchte ich vertreiben." Es war Julia del Rio aus Madrid. Sie wusste zu diesem Zeitpunkt absolut noch nichts über Caricol. Bis heute versorgt ihre Firma Cien por Cien Natural unsere spanischen Kunden mit Caricol.

Nicht alle unsere Partner hatten so eine starke Intuition wie Julia. Parallel zur Präsentation von Caricol auf Messen und Kongressen kontaktierte ich hunderte Unternehmen in unterschiedlichen Ländern. Teilweise bezog ich ihre Kontakte aus Messeverzeichnissen, denn das Internet, wie wir es heute kennen, gab es damals noch nicht. Ich kann mich noch gut erinnern, als ich die einzelnen Länder durchtelefonierte. Das schafft man am Tag nur ein bis zwei Stunden lang, da es ein unheimlich frustrierender Job ist. Von zehn Firmen, die man anruft, sagen einem neun: „Lass mich in Ruhe." Aus hunderten Telefonaten – die meisten Entscheidungsträger erreicht man übrigens ohnehin erst nach drei bis fünf Anrufen – war es am Ende eine Handvoll Firmen, beispielsweise in Frankreich, mit denen ich Termine vereinbaren konnte. Eine Woche lang fuhr ich durch ganz Frankreich, um diese Firmen dann zu besuchen und Vertriebspartnerschaften abzuschließen. So baute ich die Länder Schritt für Schritt auf. Spannend wurde es in England, als ein Berater aus den USA Caricol für sich entdeckte. Dessen Freund war Rand Skolnick, der Chef der Firma Solgar, einer der ältesten Anbieter für Vitamine und Mineralstoffe in den USA, die damals rund 8.000 Health-Food-Stores in den USA belieferten und in gesamt 40 Ländern aktiv waren. Ich erinnere mich noch sehr gut daran, dass Rand Skolnick mich auf seine Kosten für eine Präsentation und Schulung für den Außendienst für einen Tag nach New York einfliegen ließ, natürlich in der Business Class. Ein Flugkomfort, den ich bislang nicht gekannt hatte. Ich flog mit derselben Crew hin und zurück, auch die hatte nur 24 Stunden Pause gehabt.

Die ersten Jahre erlebten wir einen richtigen Höhenflug in den USA. Insgesamt bauten wir zwischen 2004 und 2008 ein recht großes Netz mit seinerzeit mehr als zehn Ländern auf. Aus heutiger Sicht habe ich meine Fühler in diese Länder jedoch viel zu früh ausgestreckt. Wir hatten noch viel zu wenig Erfahrung am heimischen, österreichischen Markt gesammelt. Würde ich nochmal von vorne starten, würde ich einen Markt erst einmal ein paar Jahre ausloten, erfolgreich sein und mir ein gewisses Standing aufbauen. Das erleichtert Verhandlungen mit ausländischen Partnern, da man so mehr Interesse weckt und schneller auf am Markt gut aufgestellte Partner trifft.

Denn für die Vertriebspartner, die ich damals gewinnen konnte, war ich ein Niemand am Markt. Ist man am Markt ein Niemand, hat man keine relevanten Verkaufszahlen vorzuweisen, spiegelt sich das auch in den Vertriebspartnern wieder. Heute weiß ich, wie ein gutes Distributionsunternehmen aufgestellt sein muss, damit eine erfolgreiche Marktbearbeitung überhaupt möglich ist. Eine Konstante hatte ich in dieser bewegten, unsicheren Zeit jedoch: Die unbeschreibliche Unterstützung und das grenzenlose Vertrauen meiner Meisterin. Sie sagte immer nur: „Was immer du da machst, ist gut." Aus heutiger Sicht weiß ich auch, dass all diese Erfahrungen nötig waren, um mit Beharrlichkeit ans Ziel zu kommen.

Mein Steuerberater forderte mich immer wieder dazu auf, mir doch einen Investor für die Firma zu suchen, um schneller wachsen zu können und profitabler zu werden. Seine Worte: „Einige meiner Klienten wissen nicht, was sie mit ihrem Geld tun sollen, nimm 100 Millionen und gib Gas." Mit diesem Ansinnen konfrontierte ich auch meine Meisterin.

*Ihre Antwort: „Mach es wie die Schildkröte, langsam und stetig."*

Auch ich konnte der Idee meines Steuerberaters nach all meinen Erfahrungen mit diversen Partnern und Investoren und nach all den Beobachtungen in meinem Umfeld nichts mehr abgewinnen. Denn bei Caricol geht es nicht darum, einen Shareholder Value zu maximieren. Es geht darum, den Menschen langfristig mit einem heilsamen Produkt zu dienen.

An dieser Art von „Coaching" können sich nur wenige Manager und Geschäftsleute erfreuen. Nur wenige haben eine erleuchtete Meisterin, die Wegweiserin und Führungslicht in allen Belangen und Entscheidungen ist, an ihrer Seite.

*Thank you very much, Ji Kwang Dae Poep Sa Nim!*

Dennoch sollte sich noch eine ganze andere Hürde auftun. Und das waren die bereits erwähnten Health Claims, die mich schon bei Kava-Kava mehr als beschäftigt hatten. Kaum jemand weiß, welcher Irrsinn da betrieben wird. Im Prinzip besteht das Problem, heruntergebrochen, einfach darin, dass man selbst einem Produkt wie Kaffee nur ein Vitamin zusetzen muss und dann eine gesundheitsbezogene Aussage treffen darf, egal, ob es sich grundsätzlich um ein gesundes oder ungesundes Basisprodukt handelt. Das tritt völlig in den Hintergrund. Insbesondere im Bereich der Naturprodukte ist das geradezu ein Desaster. Die Europäische Behörde für Lebensmittelsicherheit (EFSA) hat nach ihrer Gründung unfassbare 40.000 Anträge zu Naturprodukten mit gesundheitsbezogenen Aussagen zur Prüfung erhalten. Davon hat sie ganzen 220 Produkten mit einem sogenannten „Health Claim" die Zulassung erteilt. Die restlichen Anbieter durften über die Eigenschaften und Wirkungen ihrer Produkte auf den menschlichen Körper keine Aussagen mehr machen. Ein Kahlschlag in der Branche der Anbieter von gesunden Naturprodukten, der an der breiten Öffentlichkeit völlig unbemerkt vorüber ging. Fortan war es trotz Studien, Tests und vieler Anwendererfahrungen, wie wir sie bei Caricol hatten, nur noch möglich, gesundheitsbezogene Eigenschaften von Produkten anzumerken, wenn man einem ohnehin schon gesunden Naturprodukt etwas hinzusetzte, das per se schon einen sogenannten „Health Claim" aufwies, beispielsweise Vitamin C, das Caricol allerdings überhaupt keinen Mehrwert gab. Eine völlig unnötige Maßnahme, die den Verbraucher überhaupt nicht schützt, sondern eher in die Irre führt. Über die Wirkung von Papain, eines Enzyms mit eiweißspaltender Wirkung, das keinen anerkannten Health Claim besitzt, darf heute in der Werbung und Information quasi nichts mehr gesagt werden.

# 09

# Wie Caricol wirkt - eine Reise in die Wissenschaft

# Wie Caricol wirkt - eine Reise in die Wissenschaft

Trotz der Health Claims war es für die Entwicklung von Caricol, ja des ganzen Unternehmens, entscheidend, mit klinischen Studien die Wirksamkeit bei Patienten mit chronischen Verdauungsproblemen nachzuweisen. Dabei wurde besonderes Augenmerk darauf gelegt, inwieweit die aus den Anwendungsbeobachtungen gemachten Erfahrungen und Erkenntnisse über die Wirkung von Caricol bei diversen Verdauungsproblemen einer medizinisch-wissenschaftlichen Untersuchung standhalten würden. Dazu gehört die entzündungshemmende Wirkung, die bei vielen Magen- und Darmproblemen eine wichtige Rolle spielt, die eiweißspaltende Funktion, die bei Verstopfung und Blähungen von Bedeutung ist, wie auch die reduzierte Schmerzempfindung, die für Patienten mit Reizdarmsyndrom eine Erleichterung im täglichen Leben bringt.

EXIT

So lieferte eine evidenzbasierte Studie (Randomized Controlled Trial) – doppelblind, placebokontrolliert und randomisiert – mit 139 Teilnehmern das erfreuliche Ergebnis, das auch seinerzeit jeder im Kloster am eigenen Leib gespürt hatte. Ohne an dieser Stelle auf das ganze Studiendesign einzugehen, besserten sich, wie schon in den Anwendungsbeobachtungen in Wiener Geriatriezentren beobachtet, Symptome wie wiederkehrende Schmerzen im Abdomen, Verstopfung und Blähungen, zu harter Stuhl ebenso wie die Neigung zu ungeformten Stühlen oder Sodbrennen. [1]

In einer weiteren Studie mit durchfallassoziierten Reizdarmpatienten, die aufgrund der starken Schmerzen sogar oft arbeitsunfähig waren, zeigte sich bei 87 Prozent eine Veränderung innerhalb von nur drei Wochen. Die Effekte reichten bis hin zur vollständigen Reduktion der Schmerzen. [2]

[1] **Muss C et al.** Papaya preparation (Caricol®) in digestive disorders. Neuro Endocrinol Lett 34(1):38–46. (2013)

[2] **Vogelsang H et al.** Caricol® zur Besserung der Beschwerden beim Reizdarm-syndrom. JEM (2009)

Auch wenn Caricol einem ganz normalen Papaya-Püree sehr ähnlich ist, unterscheidet sich die Wirksamkeit dieser patentierten Zubereitung eklatant. Untersucht und dokumentiert wurde dieser Unterschied im Rahmen einer Vergleichsstudie zwischen einer pürierten Papaya-Frucht und Caricol im Geriatriezentrum Wienerwald. Der Wirksamkeitsvergleich bei geriatrischen Patienten mit chronischer Verstopfung (Obstipation) führte zu dem Ergebnis, dass jene Gruppe, die Caricol erhielt, im Vergleich zu der Gruppe, die herkömmliches Papayamus erhielt, eine siebenfach höhere Wirkung vernahm. [3]

Dr. Heide Seppele führte nicht nur die allererste Anwendungsbeobachtung noch im Kloster durch, sie begleitete auch später eine Anwendungsbeobachtung in einem Altenheim in Wien. Dabei ging es um das Thema Durchfall. Wie wir wissen, hat Caricol eine harmonisierende Wirkung auf die Verdauung, damit reguliert es sowohl bei Durchfall als auch bei Verstopfung. Die Wirkung bei Durchfall wurde im Rahmen dieser Studie gut dokumentiert. Dr. Seppele kam jedoch nach der Studie zu mir und erzählte mir von einer ganz außerordentlichen Beobachtung: Eine Bewohnerin wollte unbedingt bei der Studie mitmachen, obwohl sie keine Durchfallprobleme hatte, jedoch ein offenes Bein, das schon mit allen verfügbaren medizinischen Methoden erfolglos behandelt worden war, einschließlich zweifacher Hauttransplantation. Nach der Teilnahme an der Caricol-Studie heilte der Fuß komplett zu. Sie war überglücklich.

[3] **Wutschitz C et al.** Vergleichsstudie zu Caricol® mit herkommlichem Papayamus unter der Leitung von Prim. Dr. Christa Wutschitz, Fachärztin für Innere Medizin, Gastroenterologie-Geriatrie

Und mit ihr auch wir! Wieder einmal, ohne genau zu wissen, zu wie vielen Heilungsprozessen Caricol noch beitragen würde.

Beim Eintritt in den umkämpften Markt diätischer Lebensmittel wollten wir auch wissen, was denn eigentlich beim langen Kochprozess von Caricol geschah, und welche Substanzen sich dabei veränderten.

Kochvorgänge gehören in der Traditionellen Chinesischen Medizin zu den am häufigsten eingesetzten „Transformationsprozessen" von Heilkräutern und Lebensmitteln.

Mit diesen Zubereitungsverfahren wird die Stimulation von Energieflüssen im Körper erreicht. Damit haben wir wissenschaftsorientierten Europäer so unsere Verständnisprobleme, auch wenn die chinesische „Akutmedizin", die Akupunktur, aufgrund ihrer weithin anerkannten Wirkung in westlichen Behandlungsmethoden Eingang gefunden hat. Über das, was mit der Akupunktur bewirkt wird, nämlich die Stimulation von Energieflüssen im Körper, will man sich dabei gar keine weiteren Gedanken machen, denn diese Energieflüsse sind mit wissenschaftlichen Methoden nicht messbar. Nichts anderes als der Energiefluss wird aber auch mit den anderen Behandlungssäulen der TCM, wie Tuina (Massage), mit Heilkräutern oder eben Gerichten stimuliert. Mit dem langen Kochvorgang, mit dem aus dem Fruchtfleisch der Papaya Caricol hergestellt wird, bewirken wir nach der Lehre der TCM, dass der gesamte Verdauungstrakt mit mehr Energie versorgt wird. Daraus lässt sich auch die breite Wirkung von Caricol auf den Verdauungstrakt erklären. Egal, welche Symptome sich aufgrund einer Mangelfunktion des Darms offenbaren – von Durchfall über Blähungen, Reizdarm bis hin zu Verstopfung – Caricol bringt den Darm wieder ins Gleichgewicht und in Schwung.

Aber wie sehen die universitäre Medizin und Wissenschaft die Veränderungen, die das spezielle Herstellungsverfahren verursacht? Da zeigen sich einmal die in der Papaya enthaltenen Enzyme wie Chymopapain und Papain. Sie erfahren durch den Herstellungsvorgang eine Erhöhung, die dazu führt, dass die Aufspaltung der Proteine in der Nahrung unterstützt und beschleunigt und so die Verdauung aktiv verbessert werden. [4/5]

Ein Nachweis, dass das patentierte Verfahren zur Herstellung von Caricol zu dieser Erhöhung, und zwar gleich zu einer vierfachen Erhöhung im Vergleich zum rohen Papayamus führt, wurde im LEFO Institut (Institut für Lebensmittel und Umwelt in Ahrensburg) getätigt.

Dr. Karin Berger Büter vom Schweizer Institut Vitaplant hat für uns regelrecht die Stecknadel im Heuhaufen gesucht und zahlreiche wissenschaftliche Untersuchungen mit Caricol durchgeführt. Fündig wurde sie zum Beispiel, als sie Caricol auf die Besetzung von Rezeptoren untersuchte. Histamin H1 war so ein Treffer. Die Freisetzung von Histamin kann die viszeralen sensorischen Nervenzellen aktivieren, Reize an das Gehirn senden und Schmerzempfindung auslösen.

[4] **Santana LF et al.** Nutraceutical Potential of Carica papaya in Metabolic Syndrome. Nutrients (Internet) 11(7):1608. (2019)

[5] **Vij T et al.** A review on medicinal properties of Carica papaya Linn. Asian Pacific J Trop Dis. 1;5(1):1–6. (2015)

Die Blockade von H1-Rezeptoren durch Caricol beeinflusst das Schmerzempfinden, was Reizdarm-Patienten ihre Schmerzen weniger intensiv spüren lässt. Einen weiteren Treffer landete Dr. Berger Büter bei der Untersuchung des Bindungsverhaltens von Caricol auf Alpha-1-Adrenergen Rezeptoren. Die Aktivierung und Deaktivierung des Adrenergen Rezeptors bewirkt eine Entspannung beziehungsweise Anspannung der weichen Muskulatur im Darm. Damit wird die Darmperistaltik aktiviert und somit die Stuhlpassage beeinflusst. [6]

Was die Meisterin über Caricol bereits vor 20 Jahren wusste, mussten wir in diesen 20 Jahren durch unzählige Forschungsarbeiten, Studien, Analysen etc. in mühsamer Kleinarbeit erforschen, um den wissenschaftlichen Ansprüchen unseres medizinischen Systems gerecht zu werden. Das Ziel: Ärzte, Apotheker und Patienten von den hervorragenden Eigenschaften von Caricol zu überzeugen.

Alles in allem hatten wir nach all diesen Studien und Forschungsarbeiten auch den wissenschaftlichen Beleg, dass wir den Menschen mit Caricol Gutes tun und ihre Lebensqualität signifikant verbessern konnten.

Diese Studien zu erbringen, ist allerdings auch ein großer Aufwand. Vor allem dann, wenn man sich der Wirkung eines Produkts schon davor sicher ist, und es sich „nur" um ein pflanzliches und kein chemisches oder, besser gesagt, pharmazeutisches Mittel handelt. Aber dazu später mehr. Die Meisterin hatte schon bald einen Anlass, für die Verwendung der Papaya etwas Neues zu kreieren.

[6] **Büter K et al.** Anti-inflammatory effects of Caricol®. Unpubl data, Vita Plant Lab (Internet). (2015)

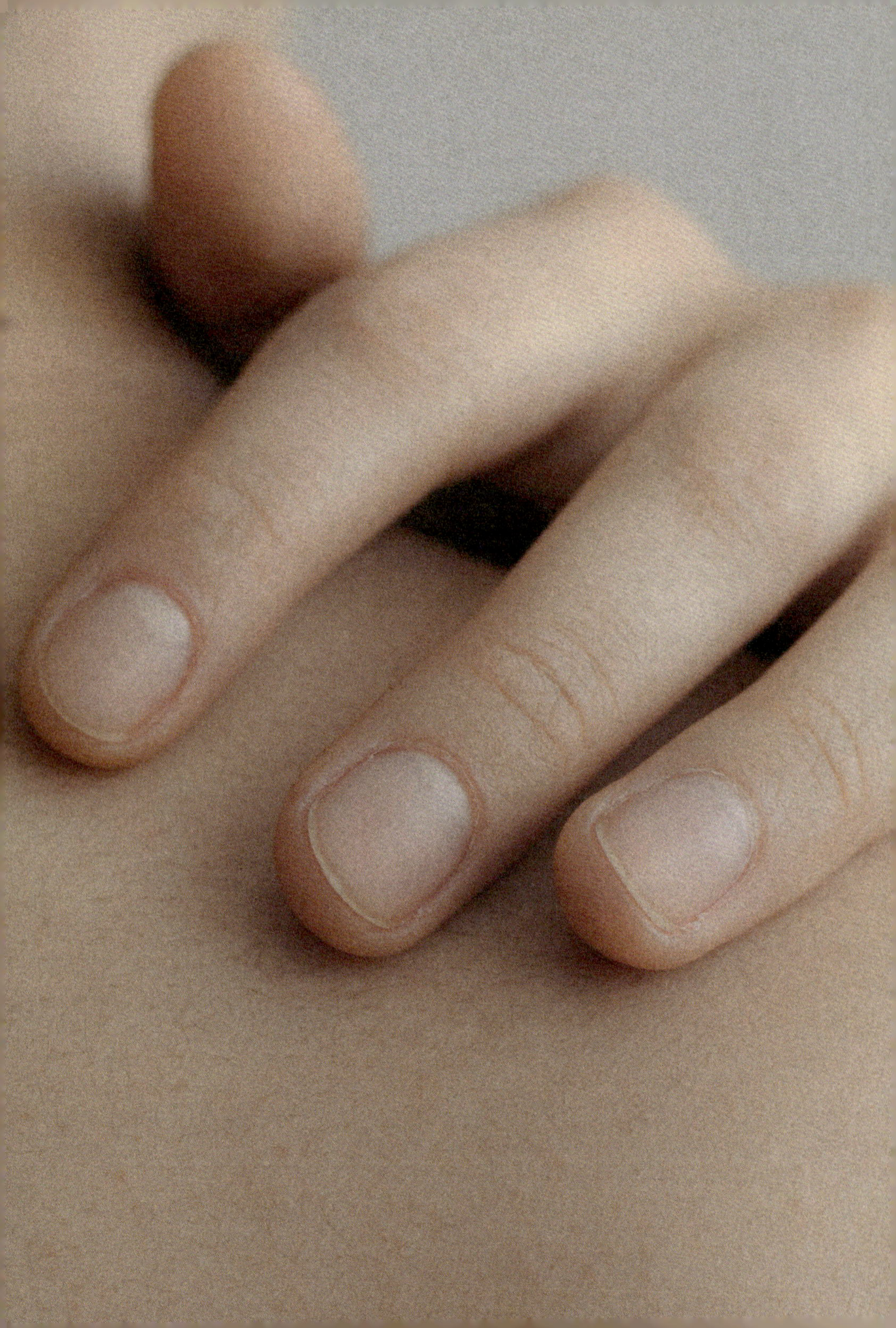

# 10

# Die Lösung für ein Hautproblem – Caricol-Derma Sensitiv

10

# Die Lösung für ein Hautproblem – Caricol-Derma Sensitiv

Die meisten Kreationen der Meisterin sind anlassbezogen. Viele Menschen kommen ins Kloster, um die Unterstützung der Meisterin auf ihrem spirituellen Weg zu erbitten. Viele kommen aber auch, um Unterstützung für ihre körperlichen Probleme zu erhalten. In der Folge macht sich die Meisterin ihre Gedanken, fängt an, zu experimentieren, probiert an sich selbst aus. Für die Entwicklung von Caricol-Derma Sensitiv war eine ihrer Schülerinnen ausschlaggebend. Sie war von Beruf, der gleichzeitig ihre Berufung war, Masseurin – und ausgerechnet an den Händen von einer massiven Neurodermitis geplagt. Kein guter Zustand, wenn man Kunden behandeln soll. Zuerst empfahl die Meistern Hautprodukte, die aus Hafer hergestellt wurden, die allein aber nicht halfen. Schließlich kamen zusätzlich zum Hafer Caricol sowie einige andere Stoffe zum Zug, die die Meisterin der Schülerin empfahl, um die offenen Wunden zu heilen. Wieder kam der Gedanke auf: „Wenn das bei einem so drastischen Fall hilft, kann es auch vielen anderen Menschen mit bestimmten Hautproblemen eine Unterstützung sein." Und somit bekam ich von der Meisterin den Auftrag, aus ihrer Rezeptur ein Hautprodukt zu entwickeln, um Menschen mit Hautirritationen zu helfen. Das war die Geburtsstunde von Caricol-Derma Sensitiv.

Das ist wieder einer der großen Unterschiede. So würde kein „normales“ Unternehmen agieren. Gewöhnlich beginnt ein Unternehmen damit, das Marktvolumen und die Besetzung der Marktsegmente durch Mitbewerberprodukte zu studieren und die eigenen Chancen zu evaluieren. Erst wenn diese Fragen zugunsten des Unternehmens beantwortet sind, geht es an die Produktentwicklung.

Wir hingegen starteten mit dem Auftrag der Meisterin, ein gutes und heilsames Produkt für die Menschen zu kreieren, zu produzieren und anzubieten. Was daraus kaufmännisch werden sollte, wussten wir zu diesem Zeitpunkt nicht. Das war nicht klug? Ja, stimmt. Betriebswirtschaftlich betrachtet, nicht. Und auch wir agieren nach betriebswirtschaftlichen Grundsätzen. Ohne die hätten wir keine 20 Jahre überlebt. Mit der Überzeugung, das Richtige im Leben zu tun, und im vollen Vertrauen, für Menschen mit gesundheitlichen Problemen Lösungen anbieten zu können, finden wir aber auch immer einen Weg, der es uns ermöglicht, heilsame Produkte zu erschwinglichen Preisen herzustellen.

In der traditionellen Medizin der tropischen Länder genießt die Papaya auch den Ruf, die Zellerneuerung der Haut zu unterstützen. Man spricht auch von einem „enzymatischen Peeling“, das sich besonders positiv bei Hautunreinheiten und verstopften Poren auswirkt. Darüber hinaus ist die Papaya eine primär basische Frucht. Der geringe Säuregehalt macht sie für die Haut besonders gut verträglich. Wir haben bereits in mehreren Studien nachgewiesen, dass Caricol auf die Zellen der Magen- und Darmschleimhaut eine entzündungshemmende, zellschützende und zellerneuernde Wirkung hat. Was für die Zellen der Magen- und Darmschleimhaut gilt, gilt auch für die Zellen der Haut.

Dem Ganzen gesellt sich der Hafer hinzu. In unseren Breiten ist Hafer für seine entzündungshemmende Wirkung im gastrointestinalen wie auch dermatologischen Bereich bekannt. Die Inhaltsstoffe von Hafer spenden der Haut Feuchtigkeit, machen sie weich und geschmeidig. Gleichzeitig wirkt Hafer beruhigend auf die Haut. Rötungen und Juckreiz werden deutlich gemildert. Für die entzündungs- und reizhemmenden Eigenschaften des Hafers hat man Avenanthramide, wirksame Polyphenole, die nur im Hafer vorkommen, identifiziert. Diese bioaktiven Stoffe werden in großer Bandbreite bei der Pflege von Hautproblemen verwendet. Hafer ist reich an Vitaminen und Mineralstoffen, speziell an Vitamin B2, B12 und B6. Durch die anti-oxidative Wirkung von Vitamin E werden freie Radikale in Schach gehalten, die für die Hautalterung verantwortlich sind. Das enthaltene Zink ist für eine schnelle Wundheilung förderlich und Mangan aktiviert bestimmte Enzyme und unterstützt den Aufbau sowie Erhalt von Bindegewebe. Besondere Aufmerksamkeit verdient der Inhaltsstoff ß-Glucan. Bei diesem Ballaststoff handelt es sich um Polysaccharide aus Glukose-Bausteinen. Für die dermatologische Anwendung in der Papaya-Hafer-Zubereitung ist ß-Glucan wichtig, da es durch seine feuchtigkeitsspendende Wirkung eine schnelle Regeneration der Hautzellen fördert. Deswegen war es natürlich für mich sehr spannend, nun Caricol und die spezielle Haferzubereitung zusammenzubringen. Dazu ließen wir in einer Anwendungsbeobachtung 117 Probanden mit Hautirritationen drei Wochen lang die Papaya-Hafer-Zubereitung einsetzen. Zuvor wurde zum Beispiel erhoben, wer länger als ein Jahr mit starken Beeinträchtigungen wie Juckreiz, Rötungen, trockener oder schuppiger Haut, offenen Stellen, nässender oder allgemein entzündeter Haut zu kämpfen, also wirklich ein länger andauerndes Problem gehabt hatte. Alleine von den 109 Probanden, die mit Juckreiz zu kämpfen gehabt hatten, gaben nach dreiwöchiger Anwendung 38 Personen an, dass sich ihre Beschwerden um 25 Prozent verbessert hatten. 44 Personen gaben eine 50-prozentige, 9 Personen ein 75-prozentige Besserung an und zwei Personen waren sogar völlig beschwerdefrei. Die Ergebnisse zeigten auf beeindruckende Weise, wie das Caricol-Hafer-Gemisch auf den Juckreiz wirkte, aber auch dass sich alle anderen Befindlichkeiten der Haut verbesserten.

Die durchgeführten Anwendungsbeobachtungen waren wichtig, um zu zeigen, dass Caricol-Derma Sensitiv nicht nur in einzelnen Fällen in der Lage ist, Hautirritationen zu lindern oder zu beseitigen, sondern auch bei sehr unterschiedlichen Beeinträchtigungen der Haut Abhilfe schaffen kann. Bis all diese Untersuchungen durchgeführt wurden, die finale Rezeptur feststand, die Stabilitätstests, alle mikrobiologischen Untersuchungen sowie die dermatologischen Tests erfolgreich absolviert wurden, dauerte es noch gut zwei Jahre. Anschließend konnten sich die Menschen an unserer medizinischen Hautpflege erfreuen.

Heute leistet Caricol-Derma Sensitiv wertvolle Linderung bei Juckreiz und geröteter Haut im Zuge von Sonnen- oder Rasurbrand, nach Mückenstichen und bei allen anderen Irritationen der Haut. Besonders glücklich über Caricol-Derma Sensitiv sind auch Mütter, wenn ihre Babys, die oft durch das Tragen der Windel entzündete Stellen haben, Linderung erfahren. Ein weiterer Anwendungsbereich von Caricol-Derma Sensitiv ist der äußere genitale Schleimhautbereich. Im Zuge einer Anwendungsbeobachtung zeigte sich, dass Juckreiz und Rötungen an diesen empfindlichen Hautstellen spürbar gelindert werden können.

Besonders wichtig für den Konsumenten war der dermatologische Test auf Hautverträglichkeit, den Caricol-Derma Sensitiv mit „sehr gut verträglich“ bestand.

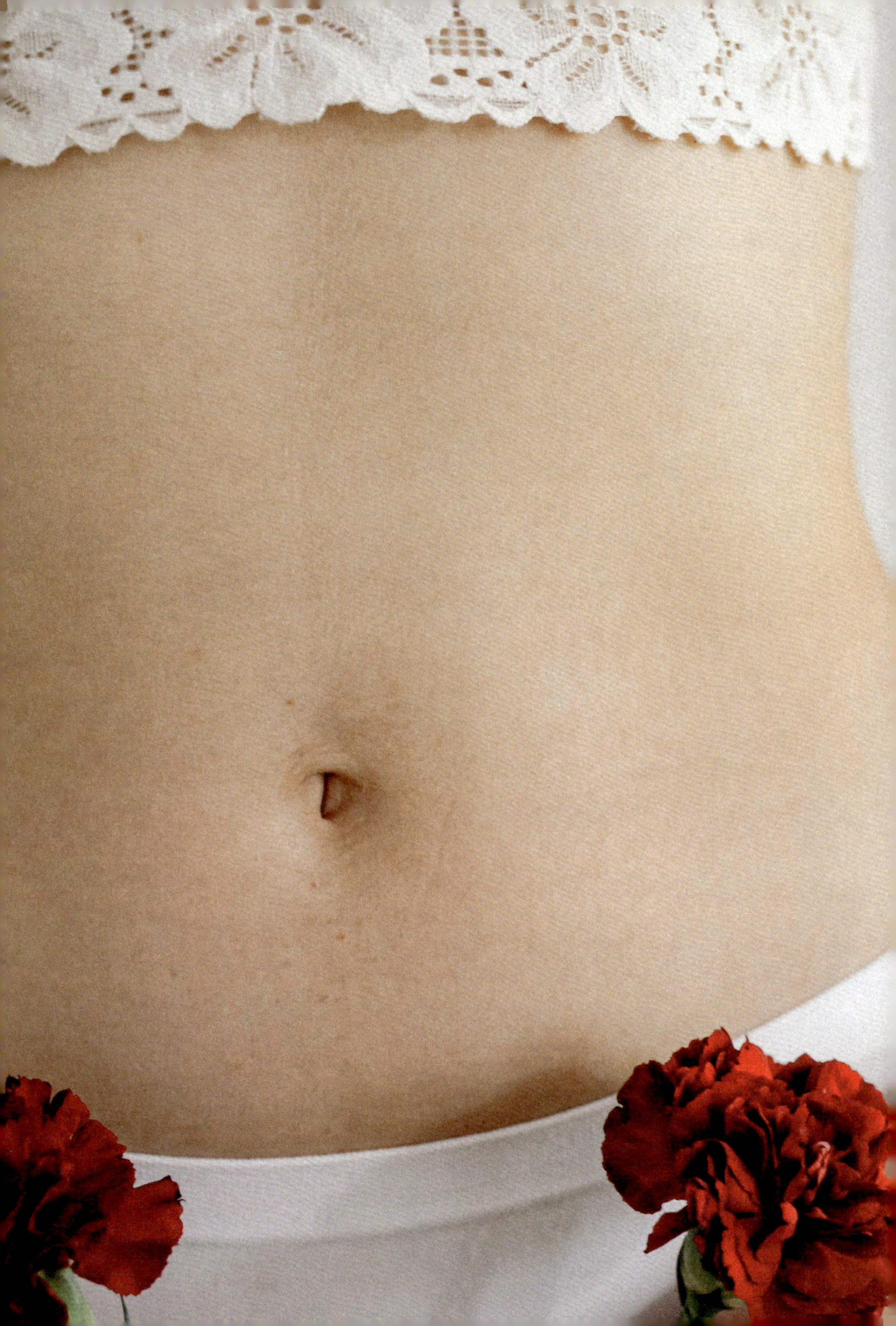

# 11

# Hilfe für den gestressten Magen – Caricol-Gastro

11

# Hilfe für den gestressten Magen – Caricol-Gastro

Es kam nicht selten vor, dass begeisterte Caricol-Kunden Caricol-Derma nicht nur zur Pflege irritierter Hautstellen verwendeten, sondern es auch verspeisten (vor allem die Muster, die wir auch in Stickpacks abgefüllt hatten). Das ist bei Caricol-Derma nicht weiter schlimm, da es sich um ein Naturprodukt handelt. Es gilt das Motto: „Schmier dir nur das auf die Haut, was du auch essen würdest."

Die Meisterin fand solche Erzählungen gar nicht abwegig. Sie sagte: „Was für die Haut gut ist, ist natürlich auch für die Magenschleimhaut gut."

Das war der Startschuss für Caricol-Gastro – und jener eines abermals langen Weges der Forschung. Mit spannendem Ergebnis. Denn auch in diesem Fall konnten, wie wir gleich sehen werden, das Wissen und die Intuition der Meisterin wissenschaftlich belegt werden.

Es ist für mich seit nunmehr über 20 Jahren immer wieder spannend, zu sehen, wie und aus welchen Situationen heraus Kreationen entstehen. Dieser Prozess ist im Falle der Meisterin immer auch abhängig von konkreten Problemen, welche die Menschen mit ins Kloster bringen. Neben meiner eigenen Erfahrung habe ich im Laufe der Jahre die unterschiedlichsten Beispiele und Situationen dafür erlebt.

Vertrauen und die eigene Einstellung spielen bei den Heilerfolgen eine maßgebliche Rolle.

Was Caricol und seine Fähigkeiten sowie Wirksamkeit betrifft, hatte ich nie Zweifel. Um es aber auf den Markt, in den anerkannten medizinischen Kreislauf und am Ende in die Apotheken zu schaffen, brauchte es, wie schon gesagt, den wissenschaftlichen Wirknachweis, der in der klassischen Beurteilung von Heilmitteln stets an einzelnen Inhaltsstoffen festgemacht wird. Welcher Stoff ist es denn nun, der zum Beispiel hilft, eine Gastritis in den Griff zu bekommen? Welche aktiven Wirkstoffe beinhaltet die Papaya? Bei allem Respekt und Verständnis für den immer notwendigen wissenschaftlichen Nachweis, den wir für unsere Produkte mit hohem Aufwand stets erbracht haben, habe ich dennoch immer wieder Zweifel, dass die exakte Zuordnung der Wirkung zu einzelnen Wirkstoffen, vor allem bei pflanzlichen Präparaten, die ganze Wahrheit wiedergibt. Da werden oft Zuordnungen getroffen, die in der Theorie stimmen, aber dennoch nicht die Komplexität pflanzlicher Wirkstoffe abbilden können. Aber das ist der typische Ansatz der Pharmaindustrie. Anhand der traditionellen Verwendung einer Pflanze wird ihre Wirkung bekannt. Dann beginnt ein Suchprozess, bei dem es darum geht, einzelne Wirkstoffe dieser Pflanze zu isolieren und zu erforschen, ob diese Wirkstoffe etwas mit der Wirkung der Pflanze als Ganzes zu tun haben. Wird man fündig, wird ein Extraktionsprozess entwickelt, der diesen Wirkstoff aus der Pflanze maximal herauslösen kann. Dieser Wirkstoff wird in der Folge standardisiert, und damit werden Phytopharmaka entwickelt und hergestellt.

Die additiven Substanzen, die die Pflanze in ihrer Gesamtheit auf den Organismus wirken lassen, bleiben hingegen unbeachtet. Genauso wie die Hilfs- und Botenstoffe, welche die Pflanze in ihrer Gesamtheit dem Organismus zur bestmöglichen Resorption und Verwertbarkeit der analysierten aktiven Wirksubstanzen zur Verfügung stellt, um eine bestmögliche Wirkung zu entfalten. Gerade in der traditionellen pflanzlichen Medizin gibt es nie nur eine einzige Substanz, die wirkt. Beziehungsweise fehlen in der extrahierten Form dann häufig andere Stoffe, die für eine gute Wirkung zusätzlich essenziell sind, um den Wirkstoff beispielsweise überhaupt gut aufnehmen zu können. Caricol-Gastro ist ein gutes Beispiel dafür.

Wir verfügen über die belegten Wirkungen und Eigenschaften der patentierten Caricol-Haferzubereitungen. Die herausragende adhäsive Funktion an der Magenschleimhaut kommt aber erst durch die Kombination der beiden Wirkstoffe zustande, die die entzündeten Stellen vor der aggressiven Magensäure schützen. Wahrscheinlich sind noch viel mehr einzelne Stoffe daran beteiligt, als wir bis heute wissen. Es ist nahezu unmöglich, alle Interaktionen pflanzlicher Stoffe zu erfassen. Natürlich mussten auch wir krampfhaft suchen und beweisen, um die regulatorischen Anforderungen zu erfüllen. Ohne die wissenschaftlichen Nachweise hätten wir keine Chance gehabt, selbst mit Millionen zufriedener Kunden nicht. Was ich nicht messen kann, existiert nicht. Das ist gerade im energetischen Bereich höchst kritisch zu beurteilen. Aber auch da bin ich mir sicher, dass man bestimmte seelische und körperliche Energien irgendwann messen können wird, was besonders der Analyse von psychosomatischen Krankheitsbildern nützen wird. Wie dem auch sei. Wir bewegen uns mit Caricol und Caricol-Gastro in einem medizinischen Kreislauf, in dem wir über die Jahre hinweg stets Nachweise über die Wirkung von traditionellen Pflanzen erbracht haben – und weiter erbringen. So haben wir in der Schweiz mit einer Wissenschaftlerin nach jenen Stoffen suchen lassen, die für die Wirkung relevant sind – und wurden auch fündig. Auch die Meisterin ist ständig auf der Suche nach Rezepten und Gerichten, um die Gesundheit ihrer Schüler zu unterstützen und zu fördern. Diese Rezepte in marktfähige Produkte umzuwandeln, ist (m)eine Lebensaufgabe. Meist sind es Rezepte, die die Meisterin für Lebensmittel und Gerichte entwickelt hat.

Schon Hippokrates hat gesagt:
„Eure Lebensmittel sollen eure Heilmittel sein, eure Heilmittel eure Lebensmittel."

Mit diesem Ausspruch hat die Europäische Lebensmittelbehörde EFSA wohl nicht viel am Hut. Denn laut Gesetz haben Lebensmittel keine heilende Wirkung auf den Körper. In Anbetracht der Weisheit von Hippokrates ist das eine Groteske! Sind es doch die Lebensmittel, die wir täglich zu uns nehmen, die uns gesund oder krank machen. In der heutigen Zeit steht vieles Kopf, so auch Hippokrates' Spruch. Manche Menschen, besonders ältere, nehmen täglich ihre zehn und mehr Tabletten ein, und erwarten sich davon Heilung.

Was den Verbraucher an sich schützen soll, entzieht ihm vielmehr durch Informationseinschränkungen die freie Wahl, das gilt vor allem für natürliche Produkte. Die Meisterin kennt das volle Potenzial von Caricol, aber für jede zu adressierende Indikation, die mit Caricol behandelbar wäre, sind zahlreiche klinische Studien erforderlich, die immens teuer, zeitaufwendig und für ein kleines Unternehmen nicht leistbar sind.

Wir haben allerdings das große Glück, dass wir in einer Zeit leben, in der der Verdauungstrakt und ganz besonders der Darm als bedeutendstes Organ für ganzheitliche Gesundheit immer mehr ins Zentrum des Bewusstseins rücken. Die Menschen wissen, dass mit einem gesunden Darm alle Organe und Funktionen genährt werden. Damit bekommt auch Caricol den Stellenwert, den es als allumfassend gesundes Mittel, das zu einer wirksamen Gesundheitsvorsorge beitragen kann, verdient.

Mit Caricol-Gastro ist ein großer und wichtiger Wurf gelungen. Wir wussten nun, wie das rein pflanzliche „Power-Konzentrat“ den Magen beruhigt, reguliert und die Verdauung auf natürliche Weise aktiviert. Dass es unsere Verdauung mit unserem Lebensstil nicht immer leicht hat, ist nicht überraschend. Stress und Lebensmittel mit einem hohen Anteil an Fett und Zucker (jedoch wenigen Ballaststoffen) belasten Magen und Darm ebenso wie Kaffee, Zigaretten und das ein oder andere Glas Alkohol am Ende eines anstrengenden Tages. Die spürbaren Folgen in der westlichen Zivilisation: Verstopfung, Blähungen und immer häufiger Sodbrennen sowie gastrointestinale Beschwerden. Dabei sind Verdauungsprobleme bis heute ein Tabuthema und nicht gerade oft in aller Munde. Das führt unweigerlich dazu, dass auch die Mittel, die bei diesen Problemen helfen können, kaum in aller Munde sind. Das zu ändern, war die zentrale Absicht der Meisterin. Betrachtet man nur ein kleines Land wie Österreich, plagt sich dort bereits jeder Zweite manchmal oder sogar regelmäßig mit Verstopfung und Sodbrennen. Die verfügbaren Medikamente können zwar Abhilfe schaffen, jedoch schlagen deren Nebenwirkungen nur wenig später erneut auf den Verdauungstrakt – und verschieben das Problem am Ende nur. Ohne unerwünschte Nebenwirkungen, sanft und nachhaltig, wirkt das Papain aus der Papaya. Nicht umsonst ist die Übersetzung von Papaya „Frucht vom Baum der Gesundheit“.

Ein spannender Aspekt, dass eine exotische Frucht diesen Effekt hat. Das kommt aber nicht von ungefähr, denn die ersten Menschen lebten in Ost- und Südafrika und konsumierten diese für uns exotisch

anmutenden Früchte. In Wirklichkeit haben wir diese Früchte also schon vor zehntausenden Jahren gegessen und unseren Darm so daran gewöhnt, dass er sich genetisch daran angepasst hat. Dagegen sind wir unsere hiesigen Früchte gerade mal einen Bruchteil dieser Zeit gewöhnt. Exotische Früchte weisen außerdem einen gesteigerten Anteil an wertvollen Inhaltsstoffen auf, den sie nur durch zahlreiche zusätzliche Sonnenstunden ausbilden können. Unser Organismus ist also an Tropenfrüchte besser als an heimische Früchte angepasst. Die brasilianischen Indianer nannten die Papaya auch „Fruta de Bomba", da sie sehr reich an Vitaminen, Mineralstoffen und Spurenelementen ist und darüber hinaus eben in hoher Konzentration das wertvolle Enzym der Papaya enthält: Papain, ein speziell Eiweiß-spaltendes Enzym. Der Pflanze selbst dient Papain zur Abwehr von Schädlingen. Der menschliche Organismus macht sich die Eigenschaften von Papain für die Verdauung zunutze: Denn die Wirkung von Papain entspricht jener von Pepsin, einem wichtigen Verdauungsenzym des Magens.

Speziell bei Beschwerden, die auf eine verminderte Eiweißverdauung zurückzuführen sind, hat sich der Einsatz des natürlichen Enzyms Papain bestens bewährt. Denn es löst insbesondere Eiweißrückstände aus dem Darm, die durch ein Zuviel an tierischem Protein entstehen und die Darmzotten verkleben. Um das gewährleisten zu können, sind, wie schon erklärt, eine besonders hohe Qualität der Frucht, der richtige Anbau sowie die sanfte Ernte und Verarbeitung der Papaya vor Ort notwendig. Ich wurde oft gefragt, ob der Konsum von gewöhnlichen Papaya-Früchten aus dem Supermarkt ähnlich positive Effekte auf die Verdauung haben könnte. Wie die zuvor erwähnten Studien eindeutig belegen, ist dem nicht so. Es braucht dieses mehrstündige Kochverfahren, bei dem die pürierten Papayas einem thermischen Zubereitungsverfahren unterzogen und mit Sauerstoff angereichert werden, um so die Konzentration der hochwertigen Inhaltsstoffe zu vervielfachen. Der Clou bei Caricol-Gastro war obendrein die Vereinigung der positiven Eigenschaften der Papaya mit jenen des Hafers.

# 12

# Die Vereinigung von Hafer und Papaya auf dem Prüfstand

12

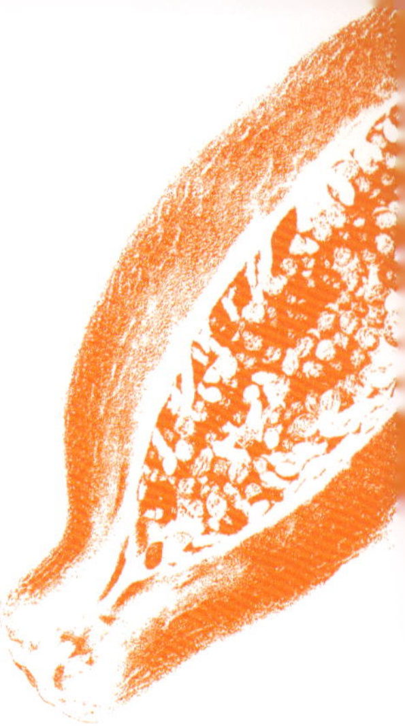

## Die Vereinigung von Hafer und Papaya auf dem Prüfstand

Gastrointestinale Beschwerden gehen sehr oft Hand in Hand mit Entzündungsprozessen, sowohl im Darm als auch im Magen. Beide Komponenten, Caricol und die Haferzubereitung, wirken entzündungshemmend und schützen, nähren und erneuern darüber hinaus die Zellen der Magenschleimhaut. Im Hafer spielen bei der entzündungshemmenden Wirkung die sogenannten Avenanthramide – das sind speziell wirksame Polyphenole - eine wichtige Rolle. Es ist uns gelungen, diese natürliche entzündungshemmende Eigenschaft des Hafers durch ein besonderes Herstellungsverfahren verstärkt freizusetzen. Dabei wird das im Hafer enthaltene Avenanthramid-B mehr als verdoppelt. Diese spezielle Hafer-Zubereitung haben wir mit unserem bewährten Papaya-Konzentrat Caricol kombiniert.

Über die auf die Schleimhaut beruhigende Wirkung hinaus hat Caricol-Gastro aber eine zweite und noch viel wichtigere Funktion: Die Rezeptur haftet wie eine Salbe auf der gereizten Magenschleimhaut an. Dadurch schützt Caricol-Gastro die entzündeten Stellen in der Magenschleimhaut gegen die aggressive Magensäure.

Der Effekt der Kombination aus patentierter Hafer- und Papaya-Zubereitung auf gastrointestinale Beschwerden – insbesondere auf die

Schmerzlast, die mit Entzündungen der Magenschleimhaut einhergeht und die Lebensqualität der Betroffenen massiv einschränkt – wurde wissenschaftlich belegt: Eine placebokontrollierte Studie, an der 60 Personen mit chronischer Gastritis teilnahmen, zeigte bereits nach 30 Tagen eine signifikante Verbesserung. Jene Patienten, welche die hochwertige Hafer-Papaya-Kombination erhalten hatten, wiesen eine deutlich reduzierte Schmerzlast auf und waren im täglichen Leben eindeutig weniger beeinträchtigt als die Probanden der Placebo-Gruppe. Somit zeigte sich eindeutig, dass bei Beschwerden des Verdauungstrakts neben Probiotika auch die Kraft traditionell bewährter Pflanzen die Gesundheit und das Wohlbefinden eindeutig verbessern kann. [7]

Nur wenige Medikamente verdienen die Bezeichnung „Magenschoner". Viele, die sie nicht verdienen, werden aber weithin als solche angeboten. Meist handelt es sich dabei um Medikamente, die den Säurehaushalt im Magen verändern. Das ist nicht ganz unproblematisch, wenn man bedenkt, dass die Magensäure auch eine Barrierefunktion für gewisse Bakterien hat, die nicht in den Darm gelangen sollen.

Caricol-Gastro hingegen ist ein echter Magenschutz, der den Säurehaushalt im Darm nicht verändert. Durch die starke Anhaftung an die Magenschleimhaut bildet Caricol-Gastro einen Schutzfilm, der die Magenschleimhaut vor der aggressiven Magensäure schützt. Besonders hilfreich und wirksam ist das bei Gastritis, also bei entzündeten Stellen in der Magenschleimhaut.

[7] **Weiser F, Fangl M, Mosgoeller W.** Supplementation of Caricol®-Gastro reduces chronic gastritis disease associated pain. Neuro Endocrinol Lett (Internet) 39(1):19–25 (2018)

Die Symptome einer Gastritis können sehr vielfältig sein. Überwiegend sind es stechende, oft spastische Oberbauchschmerzen, Druckgefühl im Oberbauch, begleitet von einer übermäßigen Produktion von Salzsäure im Magen, die zu einer Übersäuerung des Magensaftes, Sodbrennen, Aufstoßen und Übelkeit bis hin zum Erbrechen führt. Um zu untersuchen, ob der speziell entzündungshemmende und schmerzreduzierende Effekt von Caricol-Gastro auf die Ausbildung einer solch schützenden Schicht, welche die Magenschleimhaut nach oraler Applikation bedeckt, zurückzuführen ist, wurden im Rahmen einer wissenschaftlichen Arbeit mehrere physikalische Verfahren zur Bestimmung der Adhäsion an der Magenschleimhaut durchgeführt. Hierfür erfolgte eine Studie mit humanen Magenepithelzellen und darüber hinaus eine Untersuchung an einer exzidierten Magenschleimhaut des Schweins mittels „Falling-Liquid-Methode“, um die Verweildauer und die damit verbundene physikalische Wirkung von Caricol-Gastro an der Magenschleimhaut zu verifizieren.

Was mich damals selbst überraschte: In vitro zeigte sich durch die lichtmikroskopische Auswertung bereits nach zehn Minuten, dass die Magenepithelzellen durch die Vorbehandlung der Kulturoberfläche mit Caricol-Gastro beziehungsweise Bio-Hafermehl eine eindeutig höhere Zelladhäsion, also Fähigkeit, an die Magenschleimhaut zu binden, im Vergleich zur unbehandelten Oberfläche aufwiesen. Zudem konnte anhand des durchgeführten Ex-vivo-Modells (außerhalb des Lebendigen) der Magenschleimhaut des Schweins ein sensationelles Ergebnis erreicht werden: Die Applikation von Caricol-Gastro zeigte das höchste Adhäsionsverhalten trotz 30-minütigen Spülens mit Salzsäure zur Simulation der konstanten Wirkung von Magensäure! Der Großteil der Mischung haftete auch nach konstantem Säurespülfluss am oberen Teil des Gewebes. Die Bio-Hafermehlformulierung und die Kontrolllösung (destilliertes Wasser) zeigten im Vergleich dazu nach 30 Minuten eine stark verminderte Anhaftung. Die Untersuchung des Fließverhaltens erbrachte den Nachweis, dass Caricol-Gastro durch die Bewegung im Magen eine gute Verteilung erreichte. Die durchgeführten Untersuchungen zum Fließ- und Strukturverhalten zeigten, dass Caricol-Gastro jene physikalischen Eigenschaften aufweist, um an biologischen Oberflächen anzuhaften. Unter Berücksichtigung weiterer wichtiger Parameter, wie der Simulation der konstanten Magensäureproduktion und der Magenmotilität, konnte eindrucksvoll gezeigt werden, dass das Adhäsionsverhalten auch unter physiologisch relevanten Bedingungen gegeben ist. Die vorliegenden Untersuchungen erbringen somit eindeutig den Nachweis, dass durch Caricol-Gastro die Ausbildung einer schützenden Schicht auf der Magenschleimhaut erlangt wird. Dadurch wird der klinische Effekt einer Linderung der Symptomatik bei Gastritis-Patienten untermauert. [8]

Nach all den Jahren des Aufbaus waren diese Studien natürlich auch eine schöne Bestätigung für das, was wir, wie gesagt, schon längst wussten. Es war der Lohn für eine lange Strecke, die wir zurückgelegt hatten.

[8] **C.Winter et al.** Investigations to Evaluate Gastric Mucoadhesion of an Organic Product to Ameliorate Gastritis; Pharmaceutics 12(4), 331 (2020)

# 13

# Und noch etwas Erfrischendes

13

# Und noch etwas Erfrischendes

Nicht von ungefähr ziert den Eingang der Küche der Meisterin ein Schild mit der Aufschrift „Dae Poep Sa Nim's Research & Development Center". Permanent ist die Meisterin um unsere Gesundheit besorgt, kreiert unzählige Rezepte, gibt uns zu allen Jahreszeiten Anleitungen, was wir essen und kochen sollen, um bis ins hohe Alter möglichst gesund zu bleiben. Das hat nicht nur einen körperlichen Hintergrund. Krank zu werden, belastet unser Karma. Zum einen können wir unsere täglichen Aufgaben nicht mehr erfüllen, anderen helfen und dienen, zum anderen fallen wir anderen zur Last und bauen ein Schuldkarma auf. Beides ist nicht sehr förderlich auf unserem Weg, klar und weise zu werden.

*Besonders im Alter ist es wichtig, für andere da zu sein und anderen nicht zur Last zu fallen. Daher ist es unsere Pflicht, auf unsere Gesundheit zu achten.*

*Erst in der Pension dem Wunsch nachzugehen, „mir Gutes zu tun, weil ich es mir wert bin und es verdient habe", ist ein fataler Irrweg.*

Essen ist die eine Sache, trinken die andere. Und das, was heute besonders an Erfrischungsgetränken landauf landab von Jung und Alt konsumiert wird, leistet, wie eigentlich alle wissen, keinen guten

Beitrag, um gesund zu bleiben. Das war der Anlass der Meisterin, dahingehend zu forschen. Sie wollte eine gesunde Alternative zu bestehenden Erfrischungsgetränken kreieren, die obendrein richtig gut schmeckt.

Wieder einmal hinkte ich der wie aus dem Ärmel geschüttelten Erfindung der Meisterin um Jahre hinterher, bis das gesunde Erfrischungsgetränk unter der Marke „Monk Food" das Licht der Welt erblickte. Mit einem Getränk hatte ich ja trotz meiner Umtriebigkeit in meinem Leben noch nichts am Hut gehabt. Es war also wieder einmal ein völlig neues Metier für mich.

In unserem Büro sah es aus, als hätten wir einen Bar-Betrieb eröffnet. Alles, was am Markt verfügbar gewesen war, hatten wir gekauft, verkostet und analysiert. Wir studierten den Geschmack, Geruch, die Aufmachung, Farbe, Konsistenz, Beschreibung, Verpackung und die rechtlichen Rahmenbedingungen zahlreicher Getränke. Wichtig war uns, besonders die geschmacklichen Vorlieben von Kindern zu berücksichtigen, denn an sie wollten wir die gesunde Alternative zu den bekannten Limos besonders adressieren. In Zusammenarbeit mit einem Fruchtverarbeitungsunternehmen entwickelten wir unzählige Muster, die alle eine Konstante enthalten mussten: eine Dosis Caricol. Denn wir wollten mit unserer Kreation nicht nur die üblichen Krankmacher vermeiden. Wir wollten vielmehr Genuss und Gesundheit in unserem Erfrischungsgetränk vereint wissen. Und mit Caricol gleichzeitig einen Beitrag „für ein gutes Bauchgefühl" leisten.

Unsere Werbeagentur beauftragten wir, für unser gesundes Erfrischungsgetränk ein passendes und ansprechendes Layout zu kreieren. Uns wurden ganz spannende Vorschläge präsentiert, manche sehr esoterisch anmutend, andere mit Energiesymbolik. Niemand kennt die

Stimmigkeit der Grafik zur „Wahrheit“ des Getränkes so gut wie jene Person, die es kreiert hat. Dae Poep Sa Nim hat schließlich aus all den wunderbaren Vorschlägen der Agentur ein grafisches Erscheinungsbild gewählt, das auf unserer Prioritätenliste eigentlich weit hinten gestanden hatte.

Klar war auch, dass für unser gesundes Erfrischungsgetränk nur Glasflaschen in Frage kamen. Die großen Getränkeabfüller ignorierten unsere Anfragen nicht nur einmal, aber diese Erfahrungen waren mir ja mittlerweile nicht mehr neu. Fündig wurden wir schlussendlich bei einem Abfüllunternehmen in Kärnten. Das hatte auch den guten Nebeneffekt, dass wir unsere Fruchtmischung mit Kärntner Quellwasser in die Flaschen füllen konnten.

Nun begann der schwierigste Part: Wie sollten wir unser gesundes Erfrischungsgetränk bekannt machen? Wir hatten ja nur über Apotheken Marktzugang. Jetzt lernten wir also auch den Getränkemarkt kennen. Für einen kleinen Neueinsteiger schien es zunächst wie eine schier unüberwindliche Barriere, dort Fuß zu fassen. Der Markt für Erfrischungsgetränke ist schwer umkämpft, egal wie gesund und frei von Zusatzstoffen man produziert. Seitens der Getränkegroßhändler erfuhren wir nur Ablehnung, in etwa so: „Lasst uns doch bitte in Ruhe. Jedes Jahr kommen 200 neue Getränke auf den Markt und nur ganz wenige überleben." Nicht gerade ermutigend für einen vor Enthusiasmus strotzenden Neueinsteiger. Damit konzentrierten wir uns in einem ersten Schritt auf den Onlineverkauf und auf Reformhäuser, wo man den Wert und den Nutzen eines gesunden Erfrischungsgetränks zu würdigen wusste.

Alles in allem haben wir in den letzten 20 Jahren viele Höhen und Tiefen durchlebt – immer jedoch mit der beharrlichen Überzeugung, das Richtige zu tun. Caricol wurde nicht geplant, nicht am Reißbrett gegründet, sein Wachstum folgte nicht den üblichen Vorstellungen eines westlichen Business-Plans. Caricol ist nicht das Ergebnis von Marktforschung und betriebswirtschaftlichen Kennziffern, die für einen Erfolg als unumgänglich postuliert werden. Caricol ist das Ergebnis einer anderen Weltanschauung.

# 14

# Die universellen Gesetze

14

## Die universellen Gesetze

Das Gesetz von Ursache und Wirkung ist ein universelles Gesetz. Das heißt, niemand kann sich diesem Gesetz entziehen. Es ist ein Gesetz der Selbstverantwortung. Was ihr heute sät, das erntet ihr morgen. Gute Gedanken bringen gute Energie und bringen auch in anderen gute Gedanken hervor. Schlechte Gedanken und Handlungen führen dazu, dass man als Konsequenz mit schlechten Gedanken und Handlungen anderer konfrontiert wird. Und dass andere sich distanzieren. Die Folge ist Einsamkeit.

*Ji Kwang Dae Poep Sa Nim, Daily Reminder 7094 vom 11. November 2011*

Ich werde oft gefragt, wie man Business und Buddhismus im Alltag zusammenbringt, ohne besser gleich im Kloster zu bleiben. Idealerweise sollte da kein Widerspruch bestehen. Nach der Buddhistischen Lehre ernten wir, was wir säen, nach dem universellen Gesetz von Ursache und Wirkung. Wir bekommen für unser Verhalten anderen Lebewesen gegenüber – in Gedanken, Worten oder Taten – die Rechnung präsentiert. Oft nicht postwendend, was es für uns Menschen nicht immer ganz einfach macht, die Zusammenhänge zu erkennen. Manchmal wird uns die Rechnung erst in einem späteren Leben präsentiert. Oder andersrum – manchmal bekommen wir jetzt die Rechnung für unser Handeln aus früheren Leben präsentiert.

Das universelle Gesetz macht keinen Unterschied, ob wir das Verhalten in privaten oder geschäftlichen Beziehungen an den Tag legen. Wir haben immer die Konsequenzen unseres Verhaltens zu tragen. Machen wir uns also nichts vor, die universellen Gesetze haben nichts mit „Glauben“ zu tun. Es ist, als würde man ins Freie gehen, wenn es regnet. Man wird nass, ob man daran glaubt oder nicht. Die universellen Gesetze wirken präzise wie ein Computerprogramm. Nichts wird ausgelassen, nichts vergessen, nichts übersehen. Es ist daher auch nicht relevant, ob andere erfahren, was wir gesagt, gedacht oder getan haben. Wir allein haben die Ernte einzubringen. Haben wir diese Gesetze für uns einmal als WAHR akzeptiert, tun wir uns schon aus reinem Egoismus schwer, gegen sie zu handeln.

Wir sind körperlich gesehen zwar Individuen, aber im spirituellen Sinn sehr eng miteinander verbunden. Da wir diese Verbundenheit nur schwer nachvollziehen können, agieren wir eher egoistisch. Das beginnt schon mit dem ersten Atemzug. Wir haben Existenzängste und glauben immer, dass wir zu kurz kommen. Das setzt sich bei den meisten Menschen fort bis zum letzten Atemzug. Will haben – davon sind wir Menschen stark geprägt. Zuerst ich, dann der Rest der Welt. Weil wir aus materieller Sicht meinen, je mehr wir bekommen, desto mehr haben wir. Aber können wir uns irgendetwas, von dem, was wir meinen, zu haben, irgendwohin mitnehmen?

> Mit der Befriedigung von Gier und Begierde ist es wie mit dem Trinken von Salzwasser – man wird immer noch durstiger und Zufriedenheit kommt nicht auf.
>
> *Ji Kwang Dae Poep Sa Nim*

Die oben erwähnte Verbundenheit dürfen wir ganz besonders mit eigenen Kindern erfahren und erkennen. Die energetische Nabelschnur wird nie durchtrennt. Geht es unseren Kindern nicht gut, dann geht es auch uns nicht gut – und umgekehrt. Egal, wie alt unsere Kinder sind. Durch diese Art energetische Nabelschnur sind wir aber nicht nur mit unseren Kindern verbunden.

Eigene Kindern sind auch eine unersetzbare Schule, in der wir lernen, was es heißt, uneingeschränkt und wirklich selbstlos für andere da zu sein. Für das eigene Kind tun wir alles, ohne zu berechnen, ohne eine Gegenleistung zu erwarten. Schaffen wir es, diese unkonditionierte Liebe über die eigene Vater-/Mutter-Kind-Beziehung hinaus auszudehnen, dann sind wir einen großen Schritt weiter, um der Welt zu dienen, die Welt friedlicher zu machen. Wenn wir akzeptieren, dass wir diese Verbindung nicht nur mit unseren eigenen Kindern, sondern in Wirklichkeit mit allen Menschen und sogar allen Lebewesen haben, dann verändern wir unsere Perspektive, unsere Weltanschauung und das Wichtigste: unser Verhalten und unsere Verantwortung allen anderen Lebewesen und der Natur gegenüber.

Besonders verändert sich dadurch unsere Sicht auf das Geben und Nehmen.

Auch diesbezüglich unterscheiden wir in unserem Verhalten oft zwischen Familie und dem Rest der Welt. Erkennen wir jedoch, dass „Geben seliger denn Nehmen“ ist, haben wir gewonnen und lenken unser Leben in eine unglaublich positive Richtung. Jedes Geben ist gleichzeitig eine Bereicherung für uns selbst. Geben erzeugt nicht nur ein Glücksgefühl, es trägt zu nachhaltigem Glück bei.

Auch im Geschäftsleben lässt es sich auf diese Weise sehr gut leben. Die etablierte Strategie in Geschäftsbeziehungen, für das eigene Unternehmen das Maximum herauszuholen, geht oft auf Kosten des anderen Geschäftspartners oder einer ganzen Gesellschaft. Da hilft es auch nichts, wenn Firmen, die auf Kosten der Allgemeinheit überdimensionale Gewinne erzielen, dann großzügig Charity-Veranstaltungen sponsern, bei denen sie vielleicht ein Tausendstel oder ein Hunderttausendstel von den abgeschöpften Erträgen spenden – natürlich mit großer Öffentlichkeitswirkung. Eine Geschäftsbeziehung kann auch anders aussehen. Nur wenn alle Beteiligten einer Geschäftsbeziehung einen Nutzen daraus ziehen können, ist es eine nachhaltig erfolgreiche, für alle Beteiligten zufriedenstellende Beziehung.
Oft herrscht aber speziell in Geschäftsbeziehungen diese „Existenzangst", nicht genug zu bekommen. Ich erinnere mich an eine Frage eines potenziellen Geschäftspartners, die typisch für diese Geisteshaltung war: „Wer von uns beiden ist das Kamel und wer der Reiter?"
Grundsätzlich ist Wohlstand kein unmoralischer Lebensumstand. Auch wenn das in bestimmten Kreisen unserer Gesellschaft so gesehen wird. Reichtum ist in diesen Kreisen keine Tugend, sondern eine unheimlich schlechte Eigenschaft. Armut hingegen wird als tugendhaft angesehen. Dem ist nicht so, wenn man genau hinschaut. Denn auch wenn jemand ein hohes Amt erwirbt und Verantwortung übernimmt, steht dahinter ein hohes Potenzial an Tugendhaftigkeit und Bewusstsein, ohne die man ein solches Ziel, eine solche Position gar nicht erreicht hätte. Erreicht jemand in diesem Leben eine hohe Position, wird berühmt, macht Karriere, so ist das ein Hinweis darauf, dass er/sie viel Tugend angesammelt hat. Gleichzeitig ist es für diejenigen, die reich, berühmt, mächtig geworden sind, eine große Herausforderung, den großen Versuchungen standzuhalten und korrekt mit dieser

Verantwortung umzugehen.
Diese Menschen sind karmisch gesehen extremen Herausforderungen ausgesetzt, nur wenige können den Versuchungen standhalten.

Hat man jedoch dieses universelle Gesetz von Ursache und Wirkung für sich als WAHR erkannt, und auch erkannt, dass die Konsequenz und Auswirkung dieses Gesetzes nicht von Zeit und Raum begrenzt und somit auch nicht auf dieses Leben beschränkt sind, kann man dem egoistischen Verlangen nicht mehr mit gutem Gewissen folgen.
Man wird von der Richtlinie, nichts zu machen, was einem selbst oder anderen schadet, gelenkt. Alles, was anderen schadet, schadet am Ende einem selbst. Jemand anderem nicht zu schaden, jemand anderen nicht zu belügen oder zu betrügen, ist vermutlich der höchste gesunde Egoismus überhaupt, denn es fällt nichts auf einen selbst zurück. Es ist letzten Endes zum eigenen Wohl, so zu agieren. Wenn man das für sich erkannt hat, heißt es aber auch nicht, dass man immer danach handelt, denn das eigene Ego ist tief verwurzelt und versucht, sich unentwegt Geltung zu verschaffen.

Ich erinnere mich an eine Situation, in der ich ohnehin wegen Kava-Kava finanziell unter Druck gestanden hatte und einem spanischen Geschäftspartner, einem Phytopharma-Unternehmen, ein paar Tonnen der Wurzel geliefert hatte. Als er die Ware in seinem Lager hatte, meinte er plötzlich, er brauchte die Lieferung nicht mehr. Ich war damals nicht in der Lage, rund 25.000 Dollar einfach abzuschreiben und hatte schlaflose Nächte. Einige Monate später lieferte ich erneut eine Ladung Kava-Wuzeln – diesmal an meinen deutschen Stammkunden, mit dem ich den Preis entsprechend dem Wirkstoffgehalt vertraglich vereinbart hatte. Nach der Analyse der erhaltenen Ware stellte der Kunde einen sehr hohen Wirkstoffgehalt fest. Damit war der Verlust, den ich mit dem spanischen Käufer gemacht hatte, ausgeglichen. Aus heutiger Sicht und aufgrund mehrfacher solcher Erfahrungen kann ich sagen, dass alles, was einem begegnet, ganz besonders im geschäftlichen Bereich, ganz exakt nach diesem universellen Gesetz von Ursache und Wirkung abläuft. Wird man von anderen übervorteilt, verliert man zum Beispiel Geld, so gibt es zwei Möglichkeiten:

a) Es kommt auf irgendeine Weise wieder zurück.
b) Man hat es „verloren". Aber auch darüber braucht man nicht traurig zu sein, denn das Negativkonto aus Ursache und Wirkung hat sich damit verkleinert.

Glauben Sie mir. Ich habe langsam gelernt, damit aufzuhören, mir Sorgen zu machen. Denn alles, was uns begegnet, ist schon längst verursacht. Seit gefühlten Ewigkeiten beginnen wir im Kloster unsere tägliche Praxis am Morgen mit dem Vorsatz: „Ich werde heute hundertprozentig mein Bestes geben." Kürzlich, während eines Kloster-Aufenthaltes, fragte ich mich, was es denn wirklich bedeutet, sein Bestes zu geben. Ich machte mir wieder einmal voll bewusst, was dieses tägliche Versprechen eigentlich bedeutete: In jedem Moment meines Lebens die jeweilige Situation bewusst zu erkennen und mich in diesem Moment korrekt zu verhalten. Korrekt im Sinne dessen, das zu tun, was ein bestimmter Moment und eine bestimmte Situation von mir verlangen. Doch wie oft schwingt mein Ego mit, und ich kalkuliere und wiege ab, ob mir das, was die Situation da von mir fordert, vielleicht Umstände bereitet? Ob etwas zu tun wäre, worauf ich gerade gar keine Lust habe, das mir Mühe bereitet? Sicherlich ist es eine Herausforderung, nach diesem Prinzip zu handeln und zu leben. Im gesellschaftlichen oder wirtschaftlichen Alltag mag das für den einen oder anderen vielleicht schwer vorstellbar, gar naiv wirken, aber nach dem, was ich erlebt habe, habe ich keinen Zweifel, dass es der richtige Weg ist. Würden mehr Menschen im Alltag der Ethik des Sozialen Buddhismus folgen, wäre das ein großer Gewinn für unsere Gesellschaft und die ganze Welt. Um es mit einem Beispiel auf den Punkt zu bringen: Was uns als Firma von vielen anderen unterscheidet, ist unter anderem der Umgang mit Reklamationen. Auch mit noch so engmaschiger Kontrolle ist es unvermeidbar, dass in der Produktion Fehler passieren und nicht erkannt, beziehungsweise fehlerhafte Produkte nicht aussortiert werden.

Erhält ein Kunde ein fehlerhaftes Produkt, dann fühle ich mich ganz persönlich dafür verantwortlich, es bereitet mir großes Unbehagen. Denn letzten Endes hat jemand für ein Produkt bezahlt und nicht die erwartete Gegenleistung für sein Geld bekommen. Geben und Nehmen sind hier nicht in Balance. Auch wenn ich die Enttäuschung des Kunden und das erlebte Unbehagen nicht rückgängig machen kann, ist es mir das größte Anliegen, Wiedergutmachung zu leisten. In der Regel kümmere ich mich im persönlichen Gespräch um den Kunden. Ich bin erst zufrieden und in Balance, wenn ich es auch geschafft habe, die Balance von Geben und Nehmen beim Kunden wiederherzustellen.

# 15

# Die Geschichte des Sozialen Buddhismus

15

# Die Geschichte des Sozialen Buddhismus

Weltweiter Sozialer Buddhismus bedeutet, der Lehre Buddhas zu folgen und diese im täglichen Leben inmitten einer sozialen Atmosphäre anzuwenden. Es ist eine Hilfestellung für unser Familienleben, unsere Beziehungen, unsere Geschäfte und Berufe und viele andere Aspekte der sozialen Welt, die wir verbessern, indem wir durch die buddhistischen Praktiken einen klaren und hellen Geist bewahren. Das kommt uns selbst und allen anderen zugute. Die täglichen Erinnerungen in Form von Lehrsätzen der Meisterin zeigen uns, wie wir in einem sozialen Umfeld mit Weisheit und Klarheit unser Leben führen können. Die Meditationstechniken, die wir von Dae Poep Sa Nim lernen, also unsere Yun Hwa Meditation, lassen sich gut in ein oft herausforderndes tägliches Leben integrieren und bieten uns große Unterstützung, Schutz und Klarheit. Der Soziale Buddhismus ermöglicht es den Praktizierenden daher, sich von allen Verwirrungen und Blockaden zu befreien und ein selbstbestimmtes, befriedigendes und positives Leben zu führen. Der Sinn des Sozialen Buddhismus ist es, für andere zu leben und sich selbst durch die Lehren Buddhas klar zu werden, sodass wir alle, während wir hier auf dieser Welt sind, ein schätzenswerteres, bedeutungsvolleres Leben haben können. Wir müssen uns nicht verletzen, wir müssen keine ausbeuterischen oder gar betrügerischen Geschäfte aufbauen, die Mensch und Umwelt schaden. Wir können einander immer verstehen, uns untereinander annehmen und unsere Aufgaben und Funktionen als Menschen erfüllen. Somit können wir uns selbst wirklich zufriedenstellen und dadurch ein sicheres Leben führen. Die Erfolgsgeschichte von Caricol ist sehr eng mit dieser Anschauung der Welt verbunden. Der Soziale Buddhismus bedeutet schlicht, ein korrektes Leben zu führen, welches wiederum ein korrektes Dasein in unserem Leben hervorbringt, um dadurch frei zu sein von allen Anhaftungen und um Befreiung zu erlangen.

Der Ursprung des Sozialen Buddhismus geht auf die Zeit Buddha Shakyamunis zurück. Die von Buddha überlieferten Lehren (Suttas und Sutras) zeigen, dass Buddha sich mit Menschen aus allen gesellschaftlichen Schichten, von Handwerkern bis zu Mitgliedern des Königshauses, auf Wiesen, auf Berggipfeln, in Parks und Palästen austauschte und ihnen weise Führung voller Mitgefühl entgegenbrachte. Von Anbeginn war der Buddhismus sozial engagiert und wird heute durch die Praxis von Ji Kwang Dae Poep Sa Nim veranschaulicht.

Sozialer Buddhismus ist allwissender Buddhismus. Es ist die umfassendste Form von Buddhismus, denn sie umfasst Theravada Buddhismus, Mahayana Buddhismus, Vajrayana Buddhismus und Zen Buddhismus. So wie andere Formen von Buddhismus inkludiert Sozialer Buddhismus Mönche und Nonnen, Laien, die Lehren Buddhas (was das Absolute, die Wahrheit bedeutet), das Studium der Suttas oder Sutras, die Meditationspraxis und (im Zen) die formelle Lehre von Koans. Im Sozialen Buddhismus muss man alle Doktrinen und ethischen Gebote kennen und anerkennen, genauso wie die Sitten und Gebräuche, die dem jeweiligen Ort und der jeweiligen Zeit entsprechen. Aber zuallererst lehrt Sozialer Buddhismus die Bedeutung, jeden einzelnen Tag ein korrektes Leben zu leben und einen korrekten Geist zu haben.

Sozialer Buddhismus ist einzigartig darin, das tägliche Leben mit Weisheit zu versorgen, damit man seine korrekte Funktion und Pflicht als menschliches Wesen erfüllen und auch Erleuchtung erlangen kann. Ohne in die Berge zu gehen und abseits der Gesellschaft zu leben, kann man sein tägliches Leben führen und dennoch in der Lage sein, sich selbst korrekt zu sehen und über sich selbst nachzudenken. Man kann dadurch, dass man wahre und klare Beziehungen pflegt, die höchsten Ebenen der Erlangung inmitten der sozialen Welt erreichen. Sozialer Buddhismus ist wahrhaft grenzenlos.

# 16

## 20 Jahre Caricol und ein Wunsch für die Zukunft

16

# 20 Jahre Caricol und ein Wunsch für die Zukunft

Dieses Buch zu verfassen, war für mich mit einer eher ungewöhnlichen und unüblichen Arbeit verbunden: zurückzublicken. Ich fotografiere nur ganz selten, weil ich mir noch viel seltener Fotos aus der Vergangenheit ansehe. Und ich vermeide es nach Möglichkeit, in der Vergangenheit zu wühlen.

*Ich habe mein HEUTE gestern erschaffen, aber mein MORGEN erschaffe ich heute.*

Wenn ich dann doch zurückblicke, dann tue ich das in großer Demut. Ich durfte ein Leben in Liebe und Harmonie mit meiner Frau, meinen Kindern und meiner ganzen Familie leben, ich habe unendlich viel Unterstützung von meinen Mitarbeitern und Geschäftspartnern erhalten, ich durfte unzählige liebe Menschen kennenlernen und mit ihnen Freundschaften schließen. Ich durfte einer, so hoffe ich, für die Gesellschaft nützlichen Tätigkeit nachgehen, ich durfte aus den Erträgen meiner Arbeit das Kloster unterstützen, ohne dass mir in diesen 20 Jahren irgendetwas gefehlt hat. Ich darf heute mit meiner Familie ein Haus mitten in der Natur und in Abgeschiedenheit bewohnen, das mir als Ruhepol und permanenter Rückzugsort dient. Ich darf das Privileg genießen, täglich drei frisch gekochte, gesunde Mahlzeiten zu mir zu nehmen, und zu guter Letzt erwähnt, jedoch der größte Segen: Ich werde von einer spirituellen Energiemeisterin geleitet, geführt und unterstützt und darf jedes Jahr einige Wochen im Lotus Buddhist Monastery verbringen. Für all das bin ich unendlich dankbar, es macht mich sehr, sehr glücklich und zufrieden.

Es mag in diesen Zeiten vermessen oder utopisch klingen, aber ich hoffe, ich habe Ihnen nicht nur ein ungewöhnlich gesundes Unternehmen samt seiner wohltuenden Produkte, sondern auch eine andere Weltanschauung vorgestellt. Im Sinne aller wünsche ich mir Weltfrieden. Dass Menschen in Frieden leben können und dass Babys in friedlichen Ländern auf die Welt kommen, ein geborgenes Heim und Familienleben haben können.

Für Caricol wünsche ich mir, dass die Marke den Anforderungen der Zeit standhält, weiterhin die ein oder andere Hürde zu nehmen weiß und den Menschen auch über meine Zeit hinaus so gut tut. Wir haben in den vergangenen 20 Jahren unendlich viel Feedback dahingehend bekommen, wie gut es Menschen mit Verdauungsproblemen, Gastritis und Hautirritationen nur dank der Ideen der Meisterin rund um Caricol geht. Selbstverständlich gehört zu meinem Wünschen auch die Zukunft des Klosters. Um den Gedanken nochmal aufzugreifen, warum ich den überwiegenden Anteil des Gewinns dorthin leite: Ohne die Meisterin und die Menschen, denen ich dort begegnet bin, wäre nichts von alledem entstanden. Ich hätte mich vielleicht nie so gut erholt und nie eine wirklich sinnvolle Vision verfolgt. Es lohnt sich, die Komfortzone zu verlassen, über das eigene Ego hinauszugehen und herauszufinden, was man der Welt Wertvolles geben und im besten Fall – über das irdische Dasein hinaus – hinterlassen kann. Ich, Sie, ein jeder, der Erfolg hat, kann sich fragen: „Okay, was mache ich Sinnvolles mit einem Überschuss? Gebe ich es dem System wieder zurück? Oder kompensiere ich mit sinnlosem Konsum, der vielleicht obendrein der Umwelt oder anderen Menschen schadet?“ Ich habe dieses Buch vor allem geschrieben, um eine andere und gesündere Geisteshaltung zu veranschaulichen. Wir bemühen im Westen gerne Emmanuel Kant, der tatsächlich in vielerlei Hinsicht der impliziten Moral des Sozialen Buddhismus ähnelt: „Was du nicht willst, das man dir tut, das füg auch keinem anderen zu.“

# 17

# Danksagung

17

# Danksagung

*Wenn wir meinen, dass wir deshalb so erfolgreich sind, weil wir so gut sind, dann unterliegen wir einem großen Irrtum. Ohne einer breit angelegten Orchestrierung eines Netzwerkes an Partnern, Freunden, wohlgesinnten Menschen rund um uns sind wir einsam, hilflos und verloren.*

*Kein Mensch ist eine Insel!*
*Obschon jeder Mensch sein eigenes Leben lebt, kann man Glück und Zufriedenheit in erster Linie im „Miteinander" erfahren.*

In diesem Jahr sind es 30 Jahre seit meiner ersten Begegnung mit Ji Kwang Dae Poep Sa Nim. Ohne ihr gäbe es mich in dieser Reinkarnation nicht mehr. Dae Poep Sa Nim hat mir nicht nur das Leben gerettet, sondern es auch in eine Richtung gelenkt, für die keine Dankesworte reichen. Sie hat meinem Leben durch ihre Kreation Caricol Inhalt und Halt gegeben. Thank you very much, Dae Poep Sa Nim!

An meine geliebte Frau Karin: Es ist ein Jahr der Jubiläen. Wir feiern in diesem Jahr 50 Jahre unseres Zusammenseins. Sie ist die Liebe meines Lebens und hat mir zwei wunderbare Söhne geschenkt. Auch nach 50

Jahren freue ich mich über jede Minute, die ich mit ihr zusammen sein darf. Sie hat all meine Verrücktheiten und Extravaganzen toleriert und ist mir auch in sehr schwierigen Zeiten ohne Wenn und Aber zur Seite gestanden. In all den Jahren sind meine Liebe und Wertschätzung ungebrochen.

An Erhard Frey, Eigentümer der Firma Frey Delikatessen: Erhard Frey ist der Geburtshelfer von Caricol. Er war es, der meine Hilferufe nach einem Hersteller für Caricol erhört hat. Er hat nicht gefragt, ob und wann aus seinem Engagement für ihn ein Profit zu erwarten ist. Er hat meine Begeisterung für dieses unglaubliche Produkt von Anfang an übernommen und mich an der Hand genommen. Er hat mich Schritt für Schritt durch alle Stufen des Zubereitungs- und Abfüllungsprozesses geleitet und in die Geheimnisse der sicheren Lebensmittelproduktion eingeführt. Trotz seiner eigenen täglichen Herausforderungen in einem Gemüse-Verarbeitungsbetrieb fand er Zeit, sich meinen Fragen zu widmen und sich mit meinen Aufgabenstellungen zu beschäftigen. Erhard Frey war über all die Jahre immer wieder hilfsbereit in allen Anliegen. Er ist ein Unternehmer mit Herz, immer bemüht zu helfen und Lösungen zu finden. Meinen ganz herzlichen Dank dafür!

An meine Geschäftspartnerin und liebe Freundin Anita Frauwallner: Anita verdanke ich unsere heutige Präsenz und Anerkennung bei Ärzten, in Apotheken und bei den tausenden Menschen, denen wir mit Caricol ein „daily smile" auf die Lippen zaubern dürfen. Dank ihrer unglaublichen Intuition wusste sie sofort, dass Caricol ein Segen für die Menschen sein würde. Durch ihr Commitment und ihre unermüdlichen Anstrengungen, Caricol bekannt zu machen, war es möglich, in die heutigen Marktdimensionen vorzudringen und somit die Zusammenarbeit mit unseren Produktionspartnern im In- und Ausland aufrechtzuerhalten und auszubauen. Sie hat in diesen 20 Jahren mit Allergosan eine Performance hingelegt, für die ich ihr meine höchste Anerkennung und Wertschätzung ausspreche. Liebe Anita, ich bin sehr glücklich und dankbar, dir begegnet zu sein und dich als Freundin und Geschäftspartnerin zu haben!

An Stefan Weber, die Seele von Senna: Stefan sorgt bei Senna seit 20 Jahren dafür, dass Caricol in Stickpacks abgefüllt werden kann. Seit 20 Jahren findet Stefan für jede Hürde, ob groß ob klein, ob zu Tages- oder zu Nachtzeit, eine Lösung, wo andere schon lange aufgegeben hätten. Ihm verdanken wir es, dass wir Monat für Monat die Bestellungen unserer Vertriebspartner bedienen können. Ein Verantwortungsbewusstsein, wie Stefan es hat, ist heute nur noch selten zu finden. Darüber hinaus hat er unsere Anlage für Sri Lanka konzipiert und ist maßgeblich daran beteiligt, diese in Schwung zu halten und auch den Kollegen in Colombo zu jeder Tages- und ganz besonders Nachtzeit mit Rat und Tat zur Seite zu stehen. Ohne Stefan würde es keinen Caricol-Stick am Markt geben. Danke, Stefan!

An Heide Seppele, Allgemeinmedizinerin und Osteopathin: Heide war es, die vom Papaya-Püree, wie es im Kloster zubereitet wurde, schon vor mir begeistert war. Sie ist, wie ich, Schülerin von Ji Kwang Dae Poep Sa Nim. Ihre erste Anwendungsbeobachtung mit etwa 20 Besuchern im Kloster brachte einen Stein ins Rollen. Ihre Begeisterung für Caricol hat nie aufgehört. Sie nutzt die positive Wirkung des Verdauungspräparates für sich selbst und ihre Patienten. Was für mich aber besonders wertvoll war, besonders in den Anfängen meiner Arbeit mit Caricol: ihre permanente Unterstützung in allen medizinischen Fragen, von denen ich keine Ahnung hatte. Wann immer es um Änderungen von Zutaten, Prozessvorgängen etc. ging, Heide hat gespürt, ob diese die

Wirkung von Caricol beeinträchtigen würden oder nicht. Liebe Heide, für deine unermüdliche Begleitung und Begeisterung über die 20 Jahre Caricol hinweg danke ich dir von ganzem Herzen!

An Rand Skolnick, CEO von Solgar: Rand verschaffte uns nicht nur den Eintritt in den amerikanischen Markt, durch ihn bekamen wir recht schnell auch Zugang zu den Märkten in England, Frankreich und Italien. Der damalige CEO eines der größten und ältesten Vitamin- und Mineralstoffherstellers war für meinen Weg ein reiner Glücksfall. Rand war es, der den Anstoß dazu gab, Caricol zu einem Bio-zertifizierten Produkt zu machen. Er war von Caricol so begeistert, dass er den Vertrieb dazu motivierte, das Produkt in die amerikanischen Health-Food-Stores zu bringen. Leider verstarb Rand nur drei Jahre später. Nach ihm hat sich bei Solgar niemand mehr für Caricol stark gemacht. Neue Eigentümer, ein neues Management – Fremdprodukte wurden aus dem Sortiment entfernt.

Dalasa Verlag

ISBN: 978-3-9505274-9-0

Hinweis: Im Sinne einer flüssigen Lesbarkeit wird bei geschlechtsspezifischen Begriffen in den Texten auf die Hinzufügung der jeweiligen weiblichen Formulierungen verzichtet. Alle personalen Begriffe sind jedoch geschlechtsneutral gemeint, also weiblich und männlich zu lesen.

Cover und Layout: Markenstolz KG
Lektorat: Lisa Türk
Druck und Bindung: Bosmüller Print Management GmbH & Co. KG

**unsplash:** S. 44, 86, 89, 92, 112, 145, 151
**pexels:** S. 15, 16, 43, 55, 61, 65, 69, 70, 80, 96, 102, 109, 110, 118, 122, 133, 134, 137, 139, 140, 143
**shutterstock:** S. 4, 8, 32, 46, 58, 124, 146
**Franz Brenner:** S. 14, 19, 24, 25, 29, 36, 37, 38, 40, 51, 55, 62, 66, 73, 75, 77